是冒險英雄，還是劫掠盜賊？
骷髏旗下的生存法則大探索

海盜解剖
超圖鑑

山田吉彥・監修

海盜不思議，既是惡棍也是英雄

我想，對許多人來說「海盜」應該是一群無惡不作，會「在海上發現船隻就攻擊、劫掠沿海城市、殺人不眨眼」的壞蛋吧！

但另一方面，《神鬼奇航》系列電影中的主角傑克·史派羅（Jack Sparrow）和漫畫《ONE PIECE 航海王》裡的魯夫，他們無不擁有勇猛果敢的英雄海盜形象。

海盜給人的形象之所以會有如此大的差異，其實和他們的發展歷程有著密不可分的關係。

舉例來說，中世紀末期有一群由鄂圖曼帝國控制，被稱為「巴巴里」的海盜，但是會稱他們為「海盜」的，其實是與鄂圖曼帝國敵對的西班牙人和義大利人。從鄂圖曼帝國來看，他們根本不是海盜，而是國家的「英雄」。再拿日本的「村上海

盜」來說，從與之敵對的勢力來看，他們確實是「海盜」，但從盟友的角度來看，他們卻是可靠的援軍。

在以海盜為主角的電影或小說中，他們之所以很難單純以「壞人」看待的理由，其實正和他們在歷史中所具有的兩副面孔有關。

因為海盜既是惡棍也是英雄，所以在他們身上具備了一種獨特的魅力。本書以文字配上插圖的方式，向讀者們娓娓道來從古至今、由東到西，海盜的形成過程、其內部的社會組織和海盜文化。

相信每個讀完本書的人，對於海盜的認知，一定會變得更加多元豐富。

山田吉彥

大航海時代奠定了海盜的形象

歐洲國家在大航海時代揚帆遠行，同一時期海盜們也開始駕船探索世界。現代人的海盜形象，奠定於大航海時代。

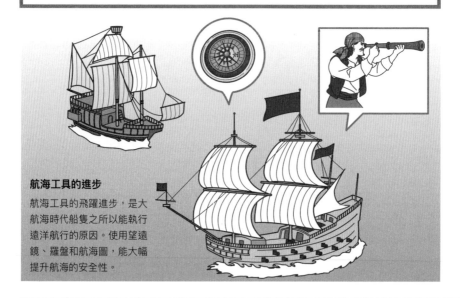

航海工具的進步

航海工具的飛躍進步，是大航海時代船隻之所以能執行遠洋航行的原因。使用望遠鏡、羅盤和航海圖，能大幅提升航海的安全性。

羅盤（指南針）傳入歐洲後被當成航海的工具來使用，這件事讓歐洲船隻的遠洋航行成為可能。至於原本在地中海貿易上沒有取得先機的西班牙和葡萄牙，也藉此機會開創了通往北非的新貿易路線，此舉拉開了大航海時代的序幕。

葡萄牙雖然在開拓非洲和亞洲的航線上捷足先登，但搶先一步在美洲大陸上插旗的卻是西班牙。那是一個手腳快的人就能撈到全部好處的時代，西班牙在南、北美洲建立了許多殖民地，並由此獲得了驚人的財富。然而，這些財富也吸引了來自歐洲國家的海盜垂涎。隨著非洲、亞洲和美洲等非歐洲地區逐漸成為殖民地，這些地區和歐洲之間的貿易路線也建立起來，連帶著海盜的活動範圍也逐漸擴大。可以說「哪裡有金銀財寶，哪裡就有海盜」。

發現美洲大陸

大航海時代的美洲又被稱為「新大陸」。歐洲國家藉由把原本就有原住民族生活在那兒的美洲，變成自己的殖民地，進而獲得巨大的財富。

海盜時代到來

除了美洲之外，歐洲國家還殖民了亞洲和非洲等地，而在貿易路線上往來的商船，也就成為了海盜劫掠的對象。海盜靠著這種方式獲得巨大財富與收穫。

　　許多人一提到海盜，腦海中浮現的往往是他們在大航海時代無法無天的模樣。簡單來說，海盜就是一群以暴力的方式掠奪商船（或人）的金銀財寶，既無情又不講道理的武裝集團。但從另一方面來看，海盜們也和電影及小說中所描述的一樣，是一群既自由又充滿野心的冒險家。

　　「駕駛著帆船，和生死與共的夥伴們一起出海闖蕩。路途中雖然會遭遇許多危險，而且還得和強大的敵人作戰，但前方等待著的卻是令人瞠目結舌的財富」。上面這段文字，是社會賦予大航海時代的海盜的既定形象。然而實際上，海盜們並沒有活得如文字敘述般光彩奪目。儘管如此，這群不畏死亡的海上男兒，的確能讓人留下這樣的形象。

海盜的歷史淵遠流長

古代埃及的「海民」被認為是歷史上最早出現的海盜。直到近代，世界各國開始增強海軍的實力為止，世界各地都有海盜橫行。

古希臘的海盜

古希臘時期，希臘存在著很多稱為「城邦」的小國家。當時的海盜們接受軍事化的訓練，在城邦國王的命令下，會去襲擊貿易船或愛琴海沿岸的都市。

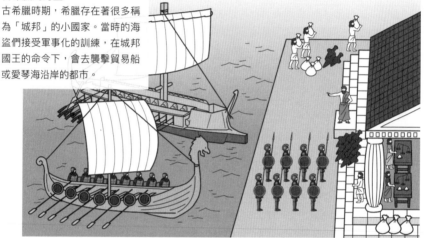

用暴力的方式奪取土地或財物，有時還會把抓到的老百姓當成奴隸使喚，都是海盜會做的勾當。位於海邊的城市和村莊或是航行中的商船，都是海盜們虎視眈眈的目標。「海盜」正如其名，是「海」上的「盜」賊，雖然他們是一群在海上目無法紀的人，但其中也有不少例外。部分海盜會接受該國國王的命令去掠奪他國的財富，當然也有些人是為了奪回被搶走的財物，在無奈之下才成為海盜的。就算同為海盜，背後也有不同的故事。

西元前一二〇〇年左右的古埃及時代，有一群被稱為「海上民族」的團體在地中海橫行無阻。他們以愛琴海的克里特島和地中海東岸為據點，會去襲擊地中海沿岸地區的城鎮，這群海上民族被視為人類歷史上最早出現的海盜。雖然有關海上民族仍有許多的未解之謎，但隨著時代推進，海盜的發展也在歷史中不斷延續下去。

海上民族

根據古埃及的歷史記錄，當時有一群被稱為「海上民族」（The Sea Peoples）的海盜。這群海盜裡的成員人種各異，他們會聯手一起向埃及發動攻擊。

奇里乞亞海盜

奇里乞亞（Cilicia）海盜曾和古羅馬帝國發生過戰爭，但於西元前三十五年時敗給羅馬後，就從歷史的舞台上消失了。

馬爾他島海盜

馬爾他島海盜（Corsairs）是一群與伊斯蘭教徒對抗的基督教海盜，與聖約翰騎士團（醫院騎士團）有合作關係。

巴巴里海盜

這是一群生活在巴巴里海岸（Barbary Coast）的海盜，他們信仰伊斯蘭教，會把抓到的基督徒當作奴隸來使喚。

　　進入到古希臘時代，希臘城邦的國王和腓尼基商人，彼此都以海盜的行徑來爭奪制海權。到了古羅馬時代，還出現了會襲擊羅馬帝國貿易船的奇里乞亞海盜。因為不論是建立起龐大帝國的亞歷山大大帝，抑或是掌控了整個地中海的羅馬帝國，都沒有把海洋劃定在所能掌控的版圖之內，因此當他們在面對擅長駕駛船隻，行動自如的海盜時，無不吃足苦頭。

　　到了中世紀，信奉伊斯蘭教的巴巴里海盜和與之對抗的基督教十字軍，以及馬爾他島的海盜，都曾在地中海耀武揚威過。經過大航海時代的洗禮後，世界各地成為歐洲國家的殖民地，對財富嗅覺異常敏銳的海盜們，也開始轉移陣地。此時我們可以在大西洋、加勒比海和印度洋等貿易商船往來頻繁的主要航道上，發現到圖謀不軌的海盜。總括來說，海盜的歷史可以從西元前開始算起，直至十九世紀初，世界各國著手強化海軍的實力為止。

秒懂海盜 ③

在日本的海域裡橫行的海賊

亞洲的海域裡也能見到海盜的身影。瀨戶內海的海賊，是日本最負盛名的海盜團體；出沒於東海的倭寇，則在朝鮮半島和中國大陸沿岸四處劫掠。

村上海賊

村上海賊是一群威震瀨戶內海的海盜，他們具有豐富的海洋知識和高超的駕船技巧。日本戰國時代他們會應大名（諸侯）的邀約，以海軍的身分參與戰爭。

世界各地的海域都能見到海盜的身影，亞洲當然也不例外。亞洲幅員遼闊，面積從西與歐洲接壤的土耳其安那托利亞半島開始，直到東方的日本列島。亞洲的沿岸地區，自古以來就有海盜出沒，例如日本四周的海洋和瀨戶內海，還有像是位於中國大陸東邊的東海，以及南亞的海洋。當我們把目光放到這些海域時，會看到許多來往於日本和中國大陸，以及航行在東南亞和中國大陸之

間的貿易船，有些船隻還會從東南亞往更西邊航行。對海盜來說，這些船隻正是令他們垂涎三尺的獵物。

海上星羅棋布的大小島嶼和擁有眾多海灣之處，在地理條件上最適合海盜們「大展身手」。這些地方是海盜們理想的根據地，對他們來說容易發動突襲行動。在亞洲也有不少與地中海和加勒比海沿岸一樣，適合海盜活動的地區。

自古以來日本就有一群被稱為「海

第二次木津川口之戰

一五七八年，村上海賊和織田信長的水軍在木津川口作戰。在此役之前，村上海賊對織田水軍連戰皆捷，勢如破竹，但在這場戰爭中，村上海賊卻被織田水軍的巨型鐵甲船打得體無完膚。

前期倭寇

前期倭寇的成員主要是「蒙古襲來」（元軍入侵日本）後，活下來的日本武士們所集結而成的海盜，他們曾在中國和朝鮮半島等地大肆劫掠。

後期倭寇

組成後期倭寇的成員大部分是中國人，日本人反而是少數。除了幹海盜的行當之外，他們還從事祕密貿易活動。

賊」的海上武裝集團。他們在平安時代西元八世紀末出現於瀨戶內海，到了中世紀，海賊會向行經他們控制的海域的船隻收取過路費，若對方拒絕，就搶奪船上的東西。除了瀨戶內海之外，日本各地也存在著其他海盜，對航行於附近海域的船隻們構成威脅。另外，由於海盜們善於駕駛船隻並習於海戰，因此到了日本戰國時代，海賊們搖身一變，成為各諸侯所仰賴的水軍力量。但隨著豐臣秀吉和德川家康在統一日本的過程中，海賊們也消失在日本的土地上。

過去曾襲擊朝鮮半島和中國沿海的倭寇，算得上是亞洲知名度最高的海盜了。從十三世紀中期到十五世紀初，以日本海盜為核心的稱為「前期倭寇」。至於活躍於十五世紀中期到十六世紀末的「後期倭寇」，則主要是由從事祕密貿易的中國商人所組成。他們為了獲得金銀財寶，不斷襲擊中國大陸的沿海地區。

contents

第一章　海盜的生活

◆ 規矩

◆ 生活

第二章　海盜的工作

◆船上夥伴

第三章　作戰和製作工具的方法

◆作戰

◆武器

第五章　東方的海盜
歷史上出現在日本和亞洲地區的海盜

第一章

海盜的生活

看似充滿著夢想與浪漫氣息的海盜生活，其實在現實中卻相當嚴峻。海盜的工作不只繁重，而且只要一不小心壞了行規，就有可能被流放到孤島上自生自滅。除此之外，船上的飲食在衛生和分量上也很缺乏。這一章，讓我們來一窺海盜們的生活吧！

海盜的生活
之一

海盜的行為受到國家認可，甚至有海盜成為海軍的高級官員

對應時代 ▷ | 古代 | 中世紀 | **大航海時代** | 近代

對應海域 ▷ | **大西洋** | 太平洋 | **印度洋**

☠ 在女王的許可下，不斷進行海盜行為

海盜中其實有不少人，日後靠能力和膽識爬升至達官顯要的位子。

例如英國海盜法蘭西斯‧德雷克（Francis Drake），就從英國女王伊莉莎白一世那裡，獲得了準貴族的「騎士」稱號。女王甚至以「我的海盜」來稱呼他，可見德雷克受女王青睞的程度。

一五七七年，德雷克在執行全球航行，途經大西洋、太平洋和印度洋任務的過程中，藉由掠奪當時與英國關係極差的西班牙船隻，獲得了數量驚人的財富。由於此事，德雷克得到了謁見英國女王的機會，並藉此打響了自己的名號。

在德雷克生存的那個年代，存在許多被稱為「私掠者」（Privateer），屬於政府所認可的海盜。除了英國之外，法國和荷蘭等歐陸國家，也藉由發行「私掠許可證」，承認海盜們的掠奪行為。此一時期，就算身為海盜，只要發誓願意為國家效忠，就有可能獲得在仕途上飛黃騰達的機會。

以德雷克為例，他從一名海盜幹到率領英國海軍艦隊的副指揮官。一五八八年時，他還率領英國海軍與號稱無敵艦隊的西班牙海軍作戰。戰爭過程中，德雷克甚至採取在己方的船隻上點火，然後衝撞敵船的海盜式戰法，令人大開眼界。這場戰役最後由英國獲勝。

歷史上也曾出現過被以「海盜」視之，令人感到恐懼的國王。這個人就是一〇六年時征服英格蘭，成為英格蘭國王的克努特大帝（Cnut）。除了英格蘭之外，克努特還把丹麥與挪威也納入自己的領地，建立起被稱為「北海帝國」的國家。同一時期，也出現一群勢力席捲北歐的海盜「維京人」。由於維京人居住的斯堪地那維亞半島相當寒冷，不適合從事農業，所以他們才會成為海盜，乘船出海找尋一片可以發展的新天地（請參考106頁）。

國家認可

歷史上曾經出現國家認可海盜行為的時代

在海上進行劫掠行為的海盜，有時並不會被視為國家的眼中釘，甚至還可能是受到允許的組織團體。

香料

香料不只是調味料，還是香水和化妝品的原料，也會做為藥品來使用，具有很高的價值。

各國競相效尤

一五〇〇年代，西班牙是世界的強權國家。當時歐洲各國無不把海盜召入麾下，認可他們劫掠西班牙船隻的行為。

準軍事組織

西班牙經由香料貿易獲得了巨額的利益。歐洲的海盜們不只襲擊西班牙的商船，還以國家準軍事組織的身分侵略亞洲，並進行大規模的香料貿易。

女王伊莉莎白一世

英國在伊莉莎白一世統治時期，靠著海盜的力量，得到了驚人的財富。為了酬謝這些海盜，女王會授與他們騎士的稱號，讚揚他們的功績。被授予騎士稱號的海盜有弗朗西斯·德雷克和托馬斯·卡文迪許（Thomas Cavendish）等人。

本王授予你騎士的稱號

感激不盡受寵若驚

過了晚上八點一定熄燈！
海盜們得遵守嚴格的規定

對應時代 ▷	古代	中世紀	大航海時代	近代

對應海域 ▷	大西洋	太平洋	印度洋

☠ 為了過著有紀律的生活，需要制定共同遵守的規約

一提到海盜，或許很多人腦海中就會浮現行為不受法律約束，恣意妄為的形象。然而，海盜們其實恪守著嚴格的業內規約。

英文Chasse—Partie「狩獵準則」是最具代表性的海盜規約，它就像一份人們在搭上海盜船之前所簽訂的契約。在正式登船之前，會由海盜船的船長以契約書的形式交給船員。無法接受合約規定的人可以選擇離開，船員擁有拒絕合約內容的權力。

規約裡都寫了些什麼呢？我們可以從出生於威爾斯，活躍於大西洋和加勒比海的海盜巴索羅繆·羅伯茨（Bartholomew Roberts）所制定的規約中一窺究竟。令人感到意外的是，內容其實相當「民主」呢！

舉例來說，重要的事情要靠投票來做決定，而且船上每一名成員都擁有投下一票的權力，這麼做能預防船長專斷獨行。戰利品也必須以規約所制定的方式來做分配（請參考28頁）。

除此之外，規約中還有「一到晚上八點就熄燈，熄燈後要喝酒的話，請到甲板上」、「禁止賭博」、「不可以把女性帶上船」、「不可以在船上和同伴發生爭吵。真要打一架的話，等上了岸之後，再用刀或手槍來做個了結」等條目。制定這些規約的目的，都是為了能讓船上的生活保持井然有序。

規約中還明文規定了在戰鬥中負傷的人，可以得到的金錢賠償。另一方面，在戰鬥中逃跑是不被允許的行為，臨陣脫逃的人會受到嚴厲的懲罰（請參考20至23頁）。除此之外，在執行任務中（包含戰鬥）失去手、腳，導致身體殘缺的人，也能獲得八百鎊（舊制英鎊為鎊）的賠償。

不同的海盜團體所制定的規約都不同，但規約寫得越詳細，確實能讓組織運作得更有秩序。雖然電影裡出現的海盜好像都挺愛玩的，但從事休閒娛樂等活動，其實都得在下船登陸後才能執行。

海盜的規矩

海盜也有要遵守的規矩，絕非想做什麼都可以

海盜的形象雖然經常和自由畫上等號，但他們其實也有要遵守的嚴格規定。

不可以把財寶私自占為己有

金銀財寶等戰利品得照規定來分配，如果有人偷了寶石、現金或餐具的話，會被處以流放孤島之刑。

不可以把女性帶上船

因為把女性帶到船上有可能會擾亂船上的秩序，所以違反這個規定的人會被處死。然而，也是有人把女扮男裝的女性帶上船的例子。

不可以在船上賭博

由於賭博可能會引起夥伴之間的不睦或其他紛爭，因此船上禁止打牌或用骰子賭博。

Column

給予負傷者的補償

負傷	補償金與奴隸
右手	600枚銀幣／6人
左手	500枚銀幣／5人
右腳	500枚銀幣／5人
左腳	400枚銀幣／4人
一隻眼睛	100枚銀幣／1人
一根手指	100枚銀幣／1人

加勒比海盜亨利·摩根（Henry Morgan）對海盜船上受傷的夥伴有提供補償。根據傷勢的嚴重程度，可以拿到不同比例的補償金和奴隸。

海盜的生活
之三

把女性帶到船上的人
會被判處流放孤島之刑或死刑

對應時代 ▷	古代	中世紀	大航海時代	近代		對應海域 ▷	大西洋	太平洋	印度洋

☠ 接受刑罰的人除了犯了錯的船員之外，也包含船長在內

前一節裡提到，海盜的日常生活，其實受到許多規矩的限制。一旦有人破壞了規矩，就得接受白紙黑字寫下來的懲罰。

雖然「掠奪」是海盜的「工作」，但同伴之間的爭奪卻是被嚴格禁止的行為。在前面介紹過的由巴索羅繆·羅伯茨所制定的規約內就明定，哪怕只是背著同伴偷藏了些金子、寶石或金、銀製餐具的人，或是把女性帶上船的人，都得接受流放無人島的懲罰。另外，和同伴發生爭奪的人，會被判削掉耳朵和鼻子的刑罰。被流放孤島的人在下船時，會拿到一把只裝了一發子彈，用來自殺的手槍。

規約裡也有死刑，但通常是犯下在戰鬥中擅離崗位，或者是把女性帶上船的人，才會被處以死刑（戰鬥中擅離崗位的海盜，除了死刑，也有可能會被判流放孤島）。

從流放孤島或死刑的例子裡，可以讓我們認識到海盜刑罰的殘忍性。在麻醉技術尚不存在的時代裡，用刀子割下人的耳朵或鼻子，是一件會讓人痛不欲生的事情。而且接受這種刑罰的人，日後還得用這張五官不全的臉過完餘生，真是苦不堪言。

鞭刑是最典型的海盜刑罰。雖然鞭刑可能不至於讓人當場死亡，但在衛生條件不佳的船艙空間內，可能會導致受刑人的傷口化膿、腐爛，最壞的情況還是會讓人不治、死去。

讓受刑人走在突出於船體的木板上，被稱為「海盜餵鯊魚」的刑罰是海盜的專利。不少人在搖晃的木板上，被一陣強風颳到海裡，就此命喪黃泉。

受到訂下來的規矩懲罰的可不只有船員而已。有時也會有船員集體叛變，把船長流放至孤島的事情發生。因為規範海盜行為的規約，不論地位高低都得遵守，從某個意義上來看，可以說還挺「民主」的。

**刑罰
流放孤島**

流放孤島讓人受盡孤獨和飢餓的折磨

海盜的處罰中以「流放孤島」最著名，破壞規矩的人被丟到
孤島上，幾乎沒有活下去的可能性。

流放孤島

遭到流放孤島的人會在寂寞和糧
食不足的情況下，在飢餓中死
去。當某位海盜被船長或船員們
認為是個累贅的時候，就可能遭
到這種處罰。

攜帶下船的東西只有食物和一把手槍

被處罰的人在下船時，只能攜帶裝有一發子彈
的手槍和少數的糧食，手槍讓人用來自殺，飲
用水只有夠一天飲用，一瓶的量而已。

遭到島上原住民的攻擊

有些被流放到懸隔海外孤島的人，會被島上的
原住民殺害。對被流放的人來說，在島上首先
要做的事情，是找到自己的棲身之處。

讓人痛不欲生的海盜刑罰

海盜的刑罰中包含割掉身體的特定部位和鞭打。雖然不是死刑，但也有人因此而喪命。

放過我吧！

好痛啊……

割掉鼻子或耳朵

割掉鼻子或耳朵不只會感到巨大的疼痛，而且受刑者終其一生都得用這張臉來面對世人，精神上的負擔也很大。

九尾鞭鞭刑

這是一種用九尾鞭（繩索解開後由九根細繩製成的鞭子）抽打受刑人的刑罰。九尾鞭的前端有帶結，一旦打在人的背上時會造成皮膚裂開，產生有如被貓抓傷的傷痕。

摩西律法

這是用鞭子抽打背部三十九下的刑罰。因為基督教的預言者摩西在舊約聖經裡寫到，人類只能忍受四十下鞭打，超過這個次數即不被宗教所容許，因此次數才定為三十九。

恐怖的刑罰

「海盜餵鯊魚」可能並不存在!?

海盜從船舷外的跳板上行走、落海的畫面一直很深入人心，但歷史上其實沒有留下執行這種刑罰的記錄。

海盜餵鯊魚
這是個讓受刑者走在突出於船體的木板上，最終掉入海裡的刑罰。雖然經常可見於十九至二十世紀的海盜文學中，但正史上並沒有留下記錄。

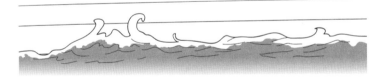

淌血奔跑
這個刑罰的受刑者得繞著桅杆（用來張帆的柱子）跑，與此同時，在身旁的海盜們會用刀子攻擊他。過程中受刑者不允許停下腳步或躲避攻擊，只能跑到失去意識為止。

海盜的日常生活中，時間幾乎都用在修補船隻的作業上

對應時代 ▷	古代	中世紀	大航海時代	近代

對應海域 ▷	大西洋	太平洋	印度洋

☠ 有時船帆和繩索會放著不修理，就直接搶別人的來用

海盜們在沒有出海進行劫掠活動的日子裡，也沒能閒下來。因為從搭上海盜船的那一刻起，就有做不完的工作在等著船員。

海盜船上的什麼工作該由誰來負責，規定得相當仔細。船長決定任務的目的和要搶奪的目標物，以及整艘船的營運方針。航海士在船上的地位僅低於船長，他不只要操縱整艘船，還得負責分配食物和掠奪到的東西。水手長（甲板長）則要管理甲板的事物和掃除工作，以及船帆的整備。砲手要清掃大砲和管理彈藥，木工則負責船隻的修理工作。除了上述的職位外，船上還有料理長、船醫和年紀輕輕且剛上船負責打雜的「船上侍者」Cabin Boy。

海盜船上的工作以船隻的修補作業最為耗時。帆是能讓一艘船動起來最為重要的物件，因為帆必須被牢牢地和桅杆，以及繩索固定在一起，所以船員們經常得對其進行釘上皮革的補強才行。由於繩索也會出問題，因此也需要不時進行修補。除了重新繫緊之外，還有把不同的繩索接在一起來使用的方式。船上的修補作業原則上由全體船員一起負擔。有時候，海盜們也會用最符合他們形象「打劫其他船隻」的方式，來獲得船帆或繩索。

除了上述之外，船上的工作還有配合風向調整船帆、保養和管理船上的武器與道具，或是靠人力把滲進船上的海水排到船外。

雖然海盜船上有這麼多繁重的工作要完成，但由於海盜船能提供的待遇有時比海軍軍船或商船要來得好，所以還是有不少人希望能成為海盜船上的船員。另外，儘管海盜船上是一個以船長為首的團體組織，但因為船長可以由選舉產生，所以從某個方面來說還滿民主的。有些實力主義者正是感受到海盜船的魅力，才自願投身於海盜的生活。

日常生活

海盜船上每天都有許多要做的事情

戰鬥以外的時間,海盜們基本上都在進行修補船隻的作業。

規矩

生活

制定方針

決定船隻航行的方向,以及如何獲得財物是海盜船長的工作。船長的職責,是得不停思考該如何把海盜船經營下去。

修補船帆

帆是船隻移動時最重要的物件,修補作業所需花費的時間也最多。因為船帆是由堅硬耐操的帆布製成,所以得用專門的針才能縫補。

處理雜務

船上侍者等剛上船的人,得負責處理煮飯、掃地和倒垃圾等事情。船上有很多需要處理的日常細項和事務。

維修繩索

這項工作就是維修在戰鬥和長期航海的過程中,損壞的繩索。做法是把繩子的一端解開,將其和別的繩子繫在一起後重新固定。

海盜的生活
之五

把搶來的東西穿在身上，
是海盜們的時尚穿搭

對應時代 ▷	古代	中世紀	大航海時代	近代		對應海域 ▷	大西洋	太平洋	印度洋

☠ 海盜船的成員們在一般作業時所穿的，通常是便於活動又樸素的衣服

在小說作品裡出現的海盜，好像大部分都戴著三角帽，身穿長長的燕尾服。但現實中的海盜，真的也喜歡這種打扮嗎？

海盜身上所穿的衣物，確實稱得上是當時歐洲流行的最新款式，但這身行頭無一例外，全都是從別人那兒搶來的。三角帽在十八世紀的歐洲蔚為風潮，有許多海盜都很愛惜手上的三角帽。海盜會穿著由絹或緞製成的襯衫，然後搭上一件昂貴的燕尾服，最後再披上一件設計感十足的外套。除此之外，海盜還會配戴戰利品中的戒指或寶石，藉此來提高自己的威嚴。然而這身行頭因為都不是為自己所量身訂製的，所以經常出現尺寸不合或穿搭毫無協調感的情況，但也正因如此，才孕育出了海盜所獨有的風格。另外，海盜們還會把手槍、彎刀和斧頭等武器，插在皮帶或背帶上。

不過待在船上時，海盜們所穿的衣服其實相當樸素。這是因為船員們必須在被海水打濕，行走不便的甲板上工作，在這種情況下，不論是船長或一般船員，衣物的首選當然會是由帆布製成，便於行動的上衣和褲子了。可是只要到了陸地上，海盜們就會換上華麗的服飾，盡情流連在酒肆、賭場和各種聲色犬馬之處。

擁有「白棉布傑克」（Calico Jack）之稱的約翰・拉克姆（John Rackham），在海盜界中以其獨特的時尚品味著稱。據說，拉克姆之所以會有這個綽號，源自於他很喜歡Calico（一種當時才剛由印度所產製出來的棉布）。拉克姆所使用的海盜旗圖案是「兩把交叉的彎刀上有一顆骷髏頭」，時至今日仍為人所知，識別度極高。從海盜旗的設計到今天仍為世人熟知，拉克姆對時尚品味的感受力，確實有其過人之處。

服裝

海盜們喜歡流行的事物

海盜們會把搶到手的衣服和珠寶等穿戴在身上，那種穿在自己身上不合身，才是真正的「海盜風」。

規矩

生活

鳥銃

雖然鳥銃是海盜的標準配備，但因為它的重量很重，不太容易攜帶，所以有時甚至會被海盜拿來當作棍棒使用。

三角帽

這是一種流行於十八世紀，有三個角的帽子，海盜們很喜歡戴三角帽。

手槍

因為海盜所使用的手槍一次只能發射一顆子彈，所以有的海盜會隨身配戴好幾把手槍。

手槍皮背帶

用於把多支手槍配戴在身上的皮帶。

彎刀

為了讓自己能夠隨時投入戰鬥，每位海盜的腰間都有一把彎刀。重量越輕的彎刀，越受海盜青睞。

燕尾服

燕尾服由厚的天鵝絨製成，因為燕尾服可用來彰顯個人的地位，所以備受海盜船長這類人士喜愛。

靴子

十七至十八世紀這段期間，靴子是海盜們最喜歡的鞋子。因為靴子不易浸水，因此很適合在船上穿。

到手的財物，也要依規矩
分給每一名船上的成員才行

☠ 海盜劫掠而來的財物，有時價值高達今天的數十億日圓

為什麼有人會想當海盜呢？因為藉由劫掠可以獲得莫大的財富。英國的私掠者（Privateer）海盜理查德‧格倫維爾（Richard Grenville）在一五八五年時，透過襲擊西班牙的聖瑪利亞號而獲得了五萬鎊。至於活躍於加勒比海的法蘭索瓦‧羅羅內（François l'Olonnais）直到一六六七年為止，已靠海盜的行當得到六萬五千鎊。換算成現在的日圓，不論是格倫維爾或羅羅內，都獲得了價值數十億日圓以上的財富。

然而，當我們攤開格倫維爾所掠奪到的物品清單時，會驚訝地發現，內容竟然是啤酒（十六大桶）、鹽（十大桶）、豬肉（十大桶）、香菸（一打）、剪刀（二百四十支）、針（三千根）等。這些東西，在現代都可以在商店裡輕易買到，和金銀財寶好像八竿子打不著關係，但是這些東西在過去那個時代，可都是重要的商品，

海盜們會把它們賣給與他關係良好的殖民地總督。

海盜掠奪到的戰利品不能由船長一個人獨占，必須分配給每一名船員。雖然分配的比例會隨著時代和不同海盜船的規約不盡相同，但一般的船員若是拿一人份的話，那麼船長和航海士就拿二人份、砲手拿一‧五人份，木工拿〇‧七五人份。

掠奪到的物品中，有一些需要拿來做為支付在戰鬥中負傷者的補償（請參考19頁）。負傷者依據身體部位和傷勢的嚴重程度，可以拿到額度不同的補償。在某些情況下，最早發現掠奪目標船隻的人，除了原本該拿到的那一之份外，還能領到額外分紅。

關於「決定金錢該如何分配？」海盜船上也有一套流程。首先，船長會訂出自己要拿多少，接著是確認要支付給船上的木工和修理船隻的費用，接下來是支付給船醫和購買藥品所需要的支出，再來是對在戰鬥中負傷者的補償，最後才是支付給一般船員。

分配戰利品

戰利品的處理方式

海盜們掠奪到的戰利品，會分配給每一名船上的成員。另外，有些金銀財寶還會被藏在陸地上。戰利品的處理方式其實很多元！

規矩

生活

分配戰利品

一個海盜能分配到多少戰利品，會依職位的高低而不同。戰利品中，有些東西不容易做分配。根據記錄，有一次在分配戰利品時，每個成員都拿到了四十二顆小顆的鑽石，但其中僅有一人分到的是一顆大顆的鑽石，結果這名海盜竟然憤怒的把大顆的鑽石給敲碎了。

藏寶

據說，許多著名的海盜船長都會把價值連城的寶藏藏在加勒比海的島嶼上。儘管這或許只是後人的穿鑿附會，但時至今日仍然有人對其深信不疑。

海盜FILE

藏寶地圖

藏寶地圖是記錄了海盜們把寶物藏在哪裡的地圖。雖然世上有很多人都想得到這樣的地圖，不過事實上，這或許只是一則都市傳說而已。

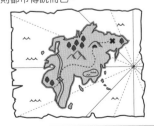

賣了能賺大錢的東西是海盜們的獵物

除了錢財，像香料等能夠賣個好價錢的東西，也是海盜們掠奪的目標。

金幣、銀幣

西班牙的金幣、銀幣因為具有很高的通貨價值，所以是海盜們的最愛。另外，銀幣還可以切成小塊，當作零錢來使用。

砂金

在大航海時代，許多海盜為了得到砂金而來到加勒比海一帶。當時滿載砂金的西班牙船，是海盜們眼中的大肥羊。

香料

由於胡椒、丁香和肉豆蔻等香料只能從新大陸取得，因此各方勢力為了香料進而展開了曠日廢時的爭奪戰。

寶石

海盜會從商船上掠奪鑽石和藍寶石等貴金屬，雖說海盜的戰利品需要依規定來做分配，但有些海盜船也允許成員可以把乘客的私人物品占為己有。

敵方船艦

對海盜來說，敵對勢力的船隻是最佳的戰利品。對方的船員若不成為自己人，就有可能被推下海或直接殺掉。

戰利品（生活必需品）

生活必需用品也是戰利品

海盜們想要的不只是金銀財寶而已，獲得日常生活中用得上的東西和食物也能讓他們欣喜不已。

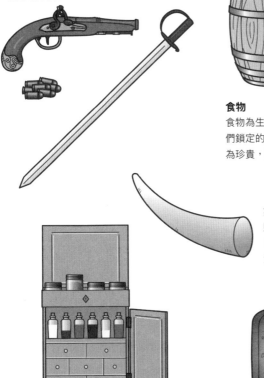

武器

對於經常要參與戰鬥的海盜來說，實戰時會用到的手槍、子彈和劍等武器是不可或缺的貴重物資。有華麗裝飾的短劍雖然不具實戰功用，但因為能賣個好價錢，所以也是海盜掠奪的對象。

食物

食物為生存所必需的物資，理所當然會是海盜們鎖定的主要目標。其中像是紅酒或啤酒等尤為珍貴，海盜們會大夥一起分著飲用。

象牙

販賣奴隸的商人會把象牙視為商品，由於開出的價格不錯，所以象牙也是海盜們掠奪的目標之一。

藥箱

在衛生條件不佳的海盜船上，藥箱裡的藥品經常處於不足的狀態。因為幾乎所有的海盜都會遭受膿包或疹子的症狀所苦，所以藥品可是船上的貴重物品。

鼻菸盒

鼻菸是一種用鼻吸的方式來享受香氣的菸草，鼻菸盒是盛裝的容器。由於擁有鼻菸盒的大多是有錢人，所以鼻菸盒很受海盜們喜愛。

也有逃跑的奴隸後來成為海盜，繼而重獲自由的例子

| 對應時代 ▷ | 古代 | 中世紀 | 大航海時代 | 近代 | | 對應海域 ▷ | 大西洋 | 太平洋 | 印度洋 |

 奴隸船也是劫掠的目標，海盜會把抓到的奴隸再轉手賣出去

開往美洲大陸的船也是海盜們鎖定的目標。當海盜鎖定一個船隊之後，就會不停地在它周圍打轉，然後把航行速度較慢，又落單的船隻當作自己的獵物。

海盜的目標物中，也有從事奴隸貿易時用來運送奴隸的船隻。奴隸貿易從十五世紀開始持續到十九世紀前半葉，這段期間裡有許多非洲人被當作奴隸，販賣到各地。奴隸貿易興起之初規模並不大，然而到了十七至十八世紀，奴隸貿易成為一筆大買賣，販賣奴隸的商人也從中牟取了巨額的利潤。

英國海盜約翰‧霍金斯（John Hawkins）在一五六二年於加勒比海襲擊了葡萄牙的奴隸船後，就開始在加勒比海一帶大肆幹起奴隸買賣的生意，這讓他既是海盜，也是一個奴隸販售商。霍金斯在之後的航海中，也會去襲擊奴隸船。

著名的海盜巴索羅繆‧羅伯茨，原本只是英國一艘奴隸船上的航海士。在一次航向加勒比海西印度群島的途中，他遭到了英國海盜的襲擊。以奴隸船為下手目標的海盜船有時也會襲擊港口，羅伯茨就是在港口把奴隸押上船時被攻擊的。羅伯茨被捕之後，就順水推舟當了海盜，從此展開他的海盜生涯。

奴隸並不只是海盜們販賣的商品，他們之中有些人會反過來成為海盜的一員。在加勒比海活動的海盜船的船長們，很歡迎這些「投懷送抱」的奴隸。脫離奴隸身分加入海盜的人並不少，有的海盜船上甚至有三分之一的船員，都是從奴隸轉換過來的。

羅伯茨因為厭倦了低薪且體力活兒又多的船員工作，才決定成為可以大撈一筆的海盜。對於沒有自由的奴隸而言，成為海盜意味著重獲自由，這個選項應該更加具有魅力才是。

奴隸只是商品，沒有被當作人來對待

奴隸貿易讓許多非洲人被當成商品來做買賣，奴隸船裡的環境極其惡劣。

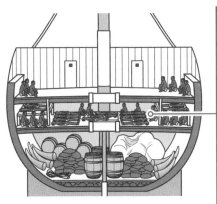

奴隸被視為是商品來對待

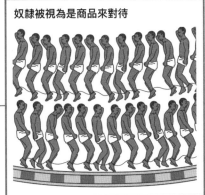

奴隸船
奴隸沒有被當作人來對待，而是和商品一樣被塞在船艙裡。由於船內的衛生條件極差，容易傳染疾病，導致許多奴隸因此死亡。

腳鐐
為了防止反抗，奴隸都會被銬上腳鐐。腳鐐和船艙的地板之間由鐵棒固定住，好幾個奴隸又都被鎖在一根鐵棒上，串在一起。

在港口城市放飛自我，
盡情享受美酒、女人和賭博

對應時代 ▷	古代	中世紀	大航海時代	近代

對應海域 ▷	大西洋	太平洋	印度洋

☠ 船上所禁止的事，在登陸後，就會盡情地去做，以紓解壓力

由於待在船上就有做不完的粗活，這讓海盜們累積的壓力著實不小。不過只要航行結束，當船停靠在港口城市後，海盜們就會透過花天酒地的方式，來抒發在船上所積累的壓力。

靠劫掠作為賺錢手段的海盜一旦上了陸地，首先會去享受賭博的樂趣（賭博在船上是被禁止的行為，因為會引發夥伴之間的紛爭）。據說，曾有海盜在一個夜裡，在賭桌上輸掉了足以買下一座牧場的龐大金額。

海盜們還會把白花花的銀子，花在酒館和妓院裡。雖然一提到海盜愛喝的酒，很多人立刻會聯想到「蘭姆酒」，但其實不論是蘭姆酒、啤酒或紅酒，只要是杯中物，海盜們可是來者不拒。

除了賭博、酒精和女人之外，海盜還會盡情地拿菸斗來抽菸。因為怕會引起火災，所以用菸斗抽菸在海盜船上也是被禁止的行為。因此在航行期間，只能靠「嚼菸」來滿足菸癮。下船之後，終於又能用菸斗來抽菸，對海盜們來說想必是彌足珍貴的事情吧！

由於海盜花錢毫不手軟，因此他們可是一群受到港口城市熱烈歡迎的貴客。甚至，連從英國來到牙買加皇家港任職的殖民地總督也很厚待海盜，並期待他們能在對抗西班牙的侵略上有所作為。這座受到海盜們鍾愛的皇家港，在歷史上曾被稱作「全世界最富裕也最糟糕的城市」。

在船不能停靠於港口時，海盜們也會找一處隱密且不易被軍隊發現的地點（例如海灣），來舉行宴會。

最後，海盜們之所以會把船開回港口，其目的絕非只是為了美酒、賭博和溫柔鄉而已。他們還要為了下一次的航行做準備，例如得去購買武器和食物，以及對船隻進行修繕。另外，因為船的底部容易有海藻和藤壺等海洋生物附著，所以海盜們也會趁停泊在淺灘時，把船打斜以對船底進行清潔工作。

把酒狂歡

上了岸就要大肆狂飲

海盜們上岸後會把掠奪到的東西換成錢，然後用這筆錢來痛飲一番。

規矩

生活

把酒狂歡

海盜們為了慶祝劫掠成功，會舉辦盛大的酒宴。舉行宴會的地點除了港口城市之外，有時也會辦在容易藏身之處。

唷呦呦～
好耶～

哇哈哈……
跳得好！

革製大酒杯（Blackjack）

塗上瀝青的革製大酒杯深受海盜的喜愛，海盜們會在酒館裡用這種酒杯痛飲啤酒和紅酒。

蘭姆酒

蘭姆酒是海盜最常喝的酒，據說這種酒具有預防「壞血病」（又稱水手症，因體內缺乏維生素C而引起）的功效，因此在港口城市的酒館中一定會備有蘭姆酒。

陸地上的娛樂

女人和賭博讓海盜難以抗拒

在陸地上海盜們可以放縱自己，去做在船上被禁止的事情，藉此消除壓力。

找女人廝混

海盜們上岸後會日以繼夜地狂歡宴飲，並藉機來和女人相處。許多女性也是看到海盜們手上的戰利品，進而主動接近他們。

把錢花光光

海盜們會把用戰利品換來的錢全部花光光。據說，有些海盜甚至一個晚上就能揮霍掉三千鎊，然後在隔日清晨穿著皺巴巴的衣服倒頭睡大覺。

香菸

上岸後海盜會拿菸斗抽菸。在船上為了嚴防火災發生，禁止船員用菸斗抽菸，癮君子只能靠嚼菸度日。

今天真好運！

賭博

賭博是海盜們上岸後最喜歡做的事情之一，但是有些海盜卻因為掉進別人設下的局裡，結果還賠上自己掠奪到的東西。

出航準備

把酒狂歡之前要做的事情

上岸後海盜們得先整修船隻，為下一次的航行做好準備之後，才能盡情痛飲。

規矩

生活

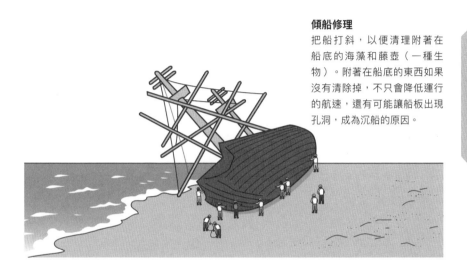

傾船修理

把船打斜，以便清理附著在船底的海藻和藤壺（一種生物）。附著在船底的東西如果沒有清除掉，不只會降低運行的航速，還有可能讓船板出現孔洞，成為沉船的原因。

囤積糧食

為了下一次的航行，海盜們得在船上囤積足夠的糧食。例如他們會把肉類和水儲存在木桶裡，或是去捕捉些雞和羊等家禽、家畜。

祕密基地

因為船隻整修期間是海盜們力量最弱的時候，所以他們也需要擁有像是軍艦難以進入的海灣等祕密藏身之處，供他們休息和飲酒作樂。

海盜的生活之九

為了吃到肉，海龜也成為海盜捕獵的對象

對應時代 ▷	古代	中世紀	大航海時代	近代

對應海域 ▷	大西洋	太平洋	印度洋

☠ 容易捕抓到的海龜，是海盜們的最愛

漫長的航海生活和待在陸地上很不一樣，尤其是能吃的東西相當有限。

包含海盜在內，對於討海人來說，「餅乾」是他們日常的主食。餅乾之中有一種只用水和小麥粉製成，烤好後既堅硬又可長期保存的「壓縮餅乾」（Hardtack）。因為這種餅乾硬得像石頭一樣，所以會用紅酒或啤酒沾著餅乾來食用。另外，雖然壓縮餅乾可以保存較長的時間，但因為它仍會吸引蟲子光顧，所以在吃餅乾時，有時免不了會連蟲子也一起吃下肚。

船上的牛肉和豬肉為了能長期保存，海盜們會用醃漬和煙燻的方式對其進行加工處理。此外，船上還會養雞，因為雞不僅會下蛋，肉也可以食用。除了上述幾種動物，海盜們偶爾也會吃魚、斑鳩和海龜，來補充動物性蛋白質。捕捉上岸後的海龜並不困難，海盜們有時還會把活捉到的海龜直接關進船艙裡。海龜除了可拿來肉食，海龜蛋更是海盜們的最愛。

由於船上的飲用水很容易變質，所以海盜們基本上都是飲用啤酒或紅酒等酒精飲料來代替喝水。有意思的是，歷史上也不乏像約翰·拉克姆那樣，因為喝得醉醺醺而被海軍給逮捕的海盜。

從上述內容可以了解到，海盜們在船上的飲食絕對稱不上豐富。然而比起餓肚子，有東西吃還算是好的情況。那麼當船上的食物見底，既無存糧，又抓不到海龜、魚和鳥類的時候，該如何是好呢？

面對這種情形時，飢餓的海盜們會抓船內的老鼠來吃，或是把自己皮製的袋子、刀鞘、手套甚至鞋子等，拿來當作能夠充飢的食物。做法是先把皮革切細後泡水，接著再經過一番捶打或放進水裡加熱，來使皮革變軟，最後將其一口吞下肚。

如果缺乏食物的情況愈發嚴峻，在無計可施的情況下，海盜也是會吃人的。被吃的人除了有死去的同伴和黑奴之外，有時人緣不佳的海盜也會成為犧牲的對象。

保存食品

海盜們盡可能吃能夠長期保存的東西

儘管帶上船的食物就是要能經得起長期保存，但還是有不少食物會在船上壞掉。

啤酒、紅酒

因為啤酒和紅酒都是酒精飲料，所以經得起長期保存。由於船上的飲用水很快就會變質，因此海盜們基本上是把喝酒當喝水。

牛肉、豬肉

在缺乏冷凍設備的時代，人們只能吃到用醃漬或乾燥的方式，來延長保存期限的肉類。

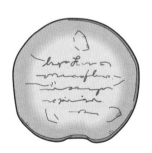

壓縮餅乾

壓縮餅乾是海盜們的主食，這是一種只用水和小麥粉所製成，可以長期保存的餅乾。因為這種餅乾相當硬，因此海盜們會用啤酒或紅酒沾著吃。

雞、雞蛋

不少海盜為了能吃到雞肉和雞蛋，會在船上養雞，英文Cackle Fruit是海盜們對雞蛋的特殊稱呼。

海盜們也會透過狩獵來補充食物

船上的存糧吃完之後，海盜們會上岸捕捉海龜等動物來補充糧食。

抓海龜

海盜們會捕捉岸上的海龜來填補肉類食物的不足，方法是會先把海龜翻過來使其動彈不得，然後看準時機捕獲牠們。

捕斑鳩

斑鳩也是海盜們會捕獵的對象。有些生活在孤島上的動物，因為對人類沒有戒心，甚至可以徒手捕捉。

別跑⋯⋯

釣鮪魚

由於加勒比海附近的魚類資源相當豐富，所以海盜們經常能釣到鮪魚來大快朵頤一番。

釣到大尾的！

絕不放過任何看起來能吃的東西

缺乏食物時

當獵物都捕不到的時候，海盜們會用盡各種方法來止飢。

規矩

生活

哎哎！

老鼠
海盜船上有許多老鼠，當食物不夠時，海盜們會捕捉躲在船裡的老鼠來吃。

皮製袋子
餓到不行的時候，有些海盜會把皮製的袋子或皮包拿來當作食物充飢。做法是把皮製的袋子切細後泡水，然後拿石頭將其敲軟，接著再用火烤一下。最後就著大量的水，一口吞下肚。

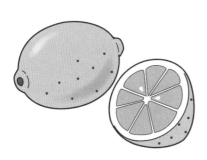

預防藥品（檸檬）
惡劣的生活方式加上漫長的航行，讓海盜容易罹患壞血病（水手症）。為此，海盜們會用吃檸檬或萊姆的方式來預防疾病的發生。

海盜FILE

海盜的雞尾酒「格羅格酒」

海盜們會飲用加入檸檬汁和砂糖的蘭姆酒，來預防壞血病發生。這種酒被稱為「格羅格酒」（Grog），加上酒精含量較高，喝完後容易昏昏沉沉的（Groggy）而得名。

就算是殺人不眨眼的海盜，也堅信幽靈和妖怪的存在

對應時代 ▷ | 古代 | 中世紀 | 大航海時代 | 近代

對應海域 ▷ | 大西洋 | 太平洋 | 印度洋

☠ 身形龐大的克拉肯，能魅惑人類的人魚和看見就會喪命的幽靈船……

置身於危險的大自然中，討海人通常都對超自然的事物深信不疑，海盜當然也不例外。

海盜們不只相信「如果左腳先踏上船，就會發生不好的事情」或「登船前若往海裡吐口水，就會有好事發生」這種說法，也對妖怪或幽靈等超自然的事物充滿敬畏。

提到海怪，最為人所知的當屬「克拉肯」（Kraken）了，牠是出現在北歐傳說中的巨大怪物。克拉肯身長約一百公尺，模樣類似章魚或魷魚，會用長長的觸手把船拖進海裡。除了克拉肯之外，「大海蛇」（Sea Serpent）或是身形宛如鯊魚和章魚合體，出現在加勒比海的「拉斯克」（Lusca）等，也是知名的巨大怪物。

「人魚」也是海盜們戒慎恐懼的對象。雖然人魚通常出現在童話或動畫裡，形象美麗又溫柔，然而牠們其實也是能魅惑人心的怪物。據說，出現在德國萊茵河的人魚「羅蕾萊」（Lorelei），就會用優美的歌聲來引誘人們，使人命喪於河道中。在加勒比海一帶，據說也存在著類似羅蕾萊，被稱為「艾卡雅」（Aycayia）的人魚。

全球各地都存在著「幽靈出沒」的傳說，其中最有名的是稱為「飛翔的荷蘭人」（Flying Dutchman）的幽靈船。這個傳說存在著許多不同的版本，但各版本的共同之處皆為，受到詛咒的荷蘭人船長，靈魂被困在船中，於海上漂泊。據說，目擊過這艘船的人不是難逃死劫，就是身邊會發生奇怪的事情。

在令人背脊發涼、流傳於世的幽靈船傳說之中，還有像「楊格提薩號」（Young Teazer）那樣，在船體爆炸沉沒之後，會化成熊熊燃燒的火球並再次現身。還有，每隔九年就會出現在太平洋范寧島（Fanning Island）附近的幽靈船。

令海盜瑟瑟發抖的海怪

海洋中存在許多令人恐懼的怪物，例如身形宛如魷魚、章魚或海蛇的海怪，或是會魅惑海盜的人魚。

克拉肯

克拉肯是身長一百公尺，樣子宛如魷魚或章魚的大海怪。傳說中，牠會把船拖進海裡，而另有一說認為，克拉肯可能就是「大王烏賊」（Giant Squid）。

人魚

據說名為「羅蕾萊」的人魚會用美麗的歌聲引誘男人，讓他們往河裡走去進而喪命。

大海蛇

大海蛇是體型與海蛇相近的巨大怪物，牠不但會襲擊船隻還會吞食船員，令人恐懼。雖然現代仍有人目擊過大海蛇，但卻沒有人知道牠的真面目為何。

規矩

生活

亡靈

代代相傳，連海盜也害怕的恐怖傳說

世上存在著許多類似幽靈船的恐怖故事，以及絕不能靠近的危險海域。

飛翔的荷蘭人

英文Flying Dutchman也有「漂泊、徬徨的荷蘭人」之意。荷蘭人的船長乘著這艘幽靈船，永遠漂泊於大洋上。據說，碰到這艘幽靈船的人，他所搭乘的船就會出現機械故障或食物腐壞等奇怪的事情。

白色老人

這個身穿白衣、拄著拐杖的白色老人，曾出現在南美的合恩角。船隻在大浪中航行時，他會於船尾逼近並現身，據說只要看見白老人，船就會遭遇滅頂之災。

船隻墳場「馬尾藻海」（Sargasso Sea）

這是位於北大西洋上，一片廣為人知的「魔之海域」。船隻只要進入該海域就會動彈不得，此處讓很多海盜受困於船上，最終命喪黃泉。據說到了晚上，這片海域還會從海裡伸出許多手，把船拖進海裡。

吉兆

上船時吐口水真的能帶來好運嗎？

登船時某些動物或現象，會被海盜視為凶兆或吉兆。

登船時的規矩

海盜們認為，左腳先踏上船是觸霉頭的行為，如果還同時打個噴嚏的話，那麼運氣可就是壞上加壞了。反之，上船時如果往海裡吐口水，則會帶來好運。

聖艾爾摩之火

桅杆的前端出現類似著火的現象，稱為「聖艾爾摩之火」（St. Elmo's Fire）。過去海盜將其視為吉兆。但現代已經知道，這是由打雷等大自然現象所引發的放電現象。

能帶來好運的動物

古時，海豚被稱為會帶來好運的使者。除此海豚之外，貓和燕子也是幸運的象徵。另外，也有不少海盜會帶上兔子同行。

45

因為女性不能登上海盜船，所以女海盜都以男裝現身

對應時代 ▷	古代	中世紀	大航海時代	近代

對應海域 ▷	大西洋	太平洋	印度洋

由於迷信與擔心船員之間會發生衝突，所以女性不被允許登上海盜船

如本書18至19頁的內容所述，大部分的海盜船並不允許女性上船。之所以會有這種規定存在，最主要的原因，還是因為這麼做能預防船員們為了女性爭風吃醋而發生爭執。此外，深信「有女性搭乘的船隻，因為會受到船之女神的嫉妒，所以會遭遇沉船事故」之說的海盜，也不在少數。

不過，歷史上還是有像瑪麗·里德（Mary Read）或安妮·邦妮（Anne Bonny）這樣，以海盜身分聞名於世的女海盜。這些女海盜以男裝亮相，她們的活躍程度可謂是巾幗不讓鬚眉。

里德在成為海盜之前有從軍的經驗，也曾隨船前往西印度群島。然而，在一次航行中她卻遭到海盜逮捕，而且抓到她的不是其他人，正是大名鼎鼎的約翰·拉克姆（棉布傑克）。里德被捕時，邦妮也在拉克姆的船上，邦妮和里德一樣，也是在乘坐的船隻上被拉克姆襲擊、遭擒後，才投入海盜的行列，並成為拉克姆的伴侶。據說，邦妮在看到男裝的里德時，曾被她颯爽的英姿迷住。但在里德向她表明自己是女人之後，兩人依舊維持了良好的友誼。日後同在一艘船上的邦妮和里德，成了莫逆之交。

邦妮和里德並沒有向拉克姆以外的船員表明自己的女性身分，在船上她們皆以男裝現身。但也有其他傳聞表示，她們兩人只有在戰鬥時才會以男裝參與戰鬥。據說日後兩位女海盜遭到政府逮捕，被送到法院接受裁判時，「女兒身」仍沒有被識破。

據聞，里德的勇猛程度更勝拉克姆，她甚至還曾開槍射殺過膽小的海盜同夥。

除了邦妮和里德，十九世紀中國的鄭一嫂，也曾統領過眾多的海盜和船艦。另外還有曾因過於貌美而遭父親禁足，日後卻成為女海盜船船長的阿維爾達（Awilda）等傳說中的女海盜。

有些女海盜比男性還要勇猛果敢

女海盜

雖然海盜船有不能讓女人上船的規定，但還是有女扮男裝的女海盜。

女海盜通常以男裝現身

女性若想當海盜，除了得身著男裝、掄起武器作戰之外，還得會飲酒才行。有些勇猛的女海盜不但臨陣毫不畏懼，還會射殺膽子小的同夥。

這是怎麼一回事？
怎麼會有女人呢……

幹起體力活可是巾幗不讓鬚眉

女海盜不只得參與戰鬥，船內的粗活也得做才行。她們的腰間插著一把重量不輕，既可當成工作使用，也能拿來戰鬥的斧頭。

海盜遭到行刑之後被裝在鐵檻裡示眾數年，直到屍體腐爛為止

對應時代 ▷	古代	中世紀	大航海時代	近代

對應海域 ▷	大西洋	太平洋	印度洋

☠ 受刑人被吊起來後掙扎的樣子，就像在跳舞

在海上耀武揚威的海盜也有運氣用盡，遭到海軍逮捕的時候。被逮之後，接下來要面對的是殘酷的處罰。

為了怕海盜逃跑，他們身上會被施以手銬、腳鐐。海盜威廉・基德（William Kidd）在被套上重達七公斤的手銬，於空間狹窄的監獄裡待上一年之後，在出庭受審時，身體狀況竟然差到連為自己辯護的體力也沒有。

海盜一旦被法院判定為有罪的話，就會被處以死刑，執行方式為「絞刑」。海盜被執行絞刑的過程，也被稱為「跳大麻吉格舞」（Dance the Hempen Jig）。英文 Hempen 是大麻和麻製品，Jig 則是一種快節奏的舞蹈。或許這個稱呼，源自海盜被麻繩吊起來痛苦掙扎時，身體扭動的樣子，很像在跳吉格舞吧！

死刑會在眾目睽睽之下公開執行，會這麼做當然是為了對其他海盜起到殺雞儆猴的作用。不過，在行刑結束之後示眾一事仍未結束，死去海盜的屍體無法入土為安，而是會被固定在鐵製的「絞刑鐵框」（Gibbet Cage）中，懸吊起來繼續供人觀看。

威廉・基德被處以絞刑後，他的遺體被刻意放置在漲潮時海水會淹沒的地方，讓屍首被漲潮的海水浸泡三次。之後，當局為了不讓他的遺體立刻腐爛，還在其上塗抹瀝青，接著才將其裝到絞刑鐵框裡，懸吊在船隻往來頻繁的泰晤士河河口數年。直到基德的肉體部分都腐爛光了，他的頭蓋骨仍留在當初拴緊的鐵框上。

除了基德，約翰・拉克姆是另一名被逮後遭到絞刑的知名海盜。至於46至47頁介紹過的女海盜瑪麗・里德和安妮・邦妮兩人，則是幸運地逃過了死刑，這是因為兩人在受審時，都宣稱自己已經身懷六甲了。躲掉死刑的海盜會被送上監獄船，可是監獄船內的環境相當惡劣，在裡頭過世的海盜也不在少數。由此可知，就算能逃過死刑，也很難稱得上是好運。

處刑

殘酷的海盜刑罰延續到他們死後

海盜遭到逮捕被判有罪之後，接著就是執行絞刑。行刑後，屍體還會被吊著示眾數年。

絞刑

絞刑是海盜最常被判的刑罰。為了怕在執行絞刑時發生意外，絞刑台會在每次行刑時重新製作一次。據說，坊間有專門蒐集海盜遺言的出版物。

監獄船

遭到海軍逮捕的海盜有些會被關在監獄船中，監獄船內的環境相當惡劣，腐壞的麵包和肉類甚至都可能被當成犯人的食物。

遺體示眾

有些海盜遭到絞刑之後，遺體會被固定在「絞刑鐵框」中，吊起來示眾數年，以達到殺雞儆猴的效果。鐵框會在犯人受刑前就「量身訂做」好，讓肉體在腐爛後，骨頭還能留在拴緊的鐵框上。

世界上真的出現過
屬於海盜們的理想國嗎？

一個人人平等又自由的國度

據說十八世紀時，地球上曾出現過一個名為「萊伯塔利」（Libertalia）的海盜理想國。這個國家基於「自由、平等、友愛」的理念而建立，宣揚「所有人一生下來就是平等的，獲得生存的權利就像呼吸一樣自然」。建立「萊伯塔利」的人名叫詹姆斯・米森（James Misson），他會藉由攻擊奴隸船來解放奴隸，甚至讓奴隸們加入己方陣營。「萊伯塔利」的管理階層只選拔最優秀的人才來擔任，和個人天生的膚色無關。沒有奴隸制度和身分地位高低的「萊伯塔利」，真可謂是海盜們心中所嚮往的樂園。而且，為了讓這個理想國能更加富庶，海盜們就得認真從事海盜這一行才行。但事實上，有關「萊伯塔利」的資訊只在查爾斯・詹森（Charles Johnson）所著的《海盜通史》（A General History of the Pyrates）中出現過而已，因此「萊伯塔利」基本上已經被視為是子虛烏有的創作故事。

發生在當代的
重大海盜犯罪事件

海盜不只存在於過去，直到今天，海洋上仍有許多海盜出沒。這些海盜會襲擊液貨船（Tanker，運送液體的貨船）和商船，除了掠奪船上的東西之外，他們還會要求龐大的贖金，真是窮凶惡極。以下的專題，將向讀者們介紹幾則近年來轟動全球，令人不寒而慄的重大海盜犯罪事件。

CASE ① 拖船「韋馱天」襲擊事件

二〇〇五年三月十四日＠麻六甲海峽

這個事件中，日本的拖船「韋馱天」（Tugboat）在麻六甲海峽，遭到裝備了火箭彈等重型武器的印尼武裝海盜攻擊。雖然船長、輪機長和三等隨船工程師遭到海盜綁架，但所幸最後皆獲釋放。直到被放掉為止，他們三人並沒有遭到虐待，甚至還和海盜們一起用餐，算是安然度過了危機。

CASE ② 天友號事件

一九九八年九月@麻六甲海峽

從印尼的瓜拉丹戎港出海的「天友號」（Tenyu），在航行不久後即音訊全無。由於若把這艘船的消失當作「事故」來看，就有太多不自然的地方，因此一般認為天友號應該是遭到了海盜的攻擊。日後這艘船雖然在中國找到了，可是船員們早已不知去向。

CASE ③ 亞龍卓彩虹號事件

一九九九年十月@麻六甲海峽

天友號事件的隔年，在相同的地點又發生了「亞龍卓彩虹號」（Alondra Rainbow）事件。當時在這艘船上的兩名日本籍船員，幸運地被泰國的漁船搭救出來。在這起事件中，發動攻擊和下達指令的首腦成員們幾乎都逃跑了。

二〇〇九年四月＠索馬利亞近海

快桅阿拉巴馬號（Maersk Alabama）在被搶奪之後，海盜們把原船主當作人質來威脅，最後靠著美國海豹部隊（SEAL）射殺了海盜之後，才將他營救出來，為整起事件畫下句點。這起事件日後還曾搬上大螢幕，改編成電影《怒海劫》（Captain Phillips）。

CASE ⑤ 璽寶精靈號事件

二〇〇五年十一月＠索馬利亞近海

在這起事件中，遭到海盜襲擊的是美國的豪華郵輪「璽寶精靈號」（Seabourn　Spirit）。海盜們在想要登船的時候，因遭到聲波武器「長程聲波裝置」（LRAD）攻擊而沒有得逞。這艘船上的船員和乘客總計有兩百一十位，所幸整起事件只有船身遭到攻擊，並沒有人遭到海盜劫持。

CASE ⑥ 長勝號海持事件

一九九八年十一月@上海外海

在長勝號海劫（Seajack）事件裡，船上有二十三名船員遭到殺害，遺體還被扔到海裡。這起海上劫持的犯罪異常凶殘，除了被殺害的船員之外，剩下的其他船員皆音訊全無。在被逮捕的海盜中，最後有十三名被判處死刑。

CASE ⑦

化學品船劫持事件

二〇〇七年十月@索馬利亞外海

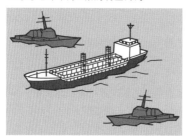

在這起事件中，遭海盜劫持的是日本的海運公司所使用的化學品船「Golden Nori 號」（ゴールデン・ノリ）。美國海軍在以二十三名船員的生命和油槽的安全為優先考量下，一邊敦促海盜投降，同時對其進行包圍。最後，遭到劫持的船員們都獲救了。

CASE ⑧

法國液貨船爆炸、火燒船事件

二〇〇二年十月六日@亞丁灣

這一天，法國籍的液貨船「林堡號」（Limburg）突然發生了爆炸、火燒船。起初，這起事件發生的原因令人摸不著頭緒，但目前普遍認為，可能是受到了伊斯蘭激進組織的恐怖攻擊所致。結果，這起意外讓這艘液貨船裡過半的燃料都流進了海裡。

CASE ⑨　來自海洋守護者協會的攻擊

一九七七年～@全球各地

「海洋守護者協會」（Sea Shepherd Conservation Society）自稱是一個環保團體，該協會在世界各地，針對包含日本在內的各國捕鯨船，進行船隻衝撞、槍枝射擊和炸沉船隻等行動。由於該組織採取的行動相當激烈，因此也被日本的捕鯨業者稱為「當代海盜」或「環保恐怖主義」（Eco—Terrorism）。

第二章

海盜的工作

每一個海盜在船上都有自己的工作崗位和職務內容。例如,船長要決定海盜船的方針,讓船隻航行起來的是航海士;操作火砲進行攻擊是砲手的工作,修理船隻還得靠木工。海盜船上的生活,得靠眾人合作才能運轉下去。在這章,讓我們來瞧瞧,海盜們是如何去執行他們的工作吧!

海盜船的船長其實就像公司的老闆

對應時代 ▷	古代	中世紀	大航海時代	近代

對應海域 ▷	大西洋	太平洋	印度洋

☠ 人們也可以自掏腰包買一艘船，自己當船長

一提到海盜船上的成員，讓人聯想到的想必是「船長」了。其實，海盜船船長所需的領導能力，和一般社會上對領導人物所要求的並無不同。海盜頭子為了能夠發揮領導才能，得同時擁有智力、決斷力、行動力和戰鬥力才行。要管理一群不受社會常規束縛的傢伙，若不是一位強而有力的領袖人物，還真難以辦到。

不過，強而有力的領袖人物可不能直接和「暴君」畫上等號，深得船員們信賴的人，才是船長的最佳人選。至於要挑選這樣的人來當船長，最好的方法莫過於選舉了。以下的事實可能會讓讀者們驚掉下巴，但在海盜的全盛時期，有些海盜船的船長確實是經由選舉所產生的。選舉時，每位船員不分身分高低，都可投下屬於自己的那一票。海盜船上的社會堪稱民主，那裡比世界任何一處都還要早就實施了符合民主主義的選舉活動，值得歷史為其記上一筆。

話雖如此，靠選舉選出船長畢竟不是常態。除了選舉之外，也可用公開表態「俺是船長」的方式，來爭取支持自己的夥伴。這種情況下，擁有一艘自己的船，就是成為想當船長的必要條件了。至於如何弄到一艘船，則是有捕獲船隻、拿錢購買或接受贊助支援等方法。有了船之後，接著要在報紙上刊登徵人啟事，募集有海上經驗，例如過去曾在海軍服役過的人等，就能成為自己的夥伴。還有一種當上船長的方法是，因為過往輝煌的事蹟而被人相中，挖角去當船長。

然而就算當上了船長，可不是就此便過著發號施令、叫人幹活的日子。也是有船長因能力不足而遭到部下背叛，被撤換的例子。另外，若船長和部下之間發生了嚴重的對立，被下屬們認為是無能之輩的話，最糟的情況是可能被以私刑處死，或者流放到無人島上自生自滅，而且這種事情並不少見。海盜船的船長除了需要船員們的支持之外，也必須不斷展現出他的領導能力才行。

掌握海盜船命運的關鍵人物

一名海盜船船長最需具備的是不怕死的勇氣,以及領導能力。

老大,請多關照

我也是

你就是咱們的頭兒了

船長就是公司的老闆

海盜船的船長其實和經營公司的老闆並無差異,最重要的是都要擁有人望、領袖特質和口袋深度。一般來說,海盜船都是船長自掏腰包買下來的。

招募夥伴,當上船長

手上有了船隻後,接著就要在報紙上刊登徵人(船員)啟事了。徵人啟事中必須說明航行路線、面試地點和薪資待遇等具體內容。

起航

船長需要有堅強的意志和領導能力

當海盜船船長被船員們認為是「無能之輩」時,立刻就會被換下來。因此,船長得具備能管得住船員的領導能力才行。

會操縱船隻的航海士，在船上的地位僅次於船長

對應時代 ▷	古代	中世紀	大航海時代	近代		對應海域 ▷	大西洋	太平洋	印度洋

☠ 航海士的工作不只掌舵，還肩負其他重要的角色

時時觀察天氣和潮水的變化，讓航行能夠安全順利的進行下去是航海士的職責所在。由此可知，航海士的存在何其重要。古今中外，要想成為一名航海士，都需要具備專業的知識，若是在今天的日本，則是必須取得「海技士免狀」這張國家資格的證明才行。（在台灣則須就讀海洋、海事相關科系或進修課程，才能考取船員身分。）

當然，在海盜縱橫的時代，並不存在這種國家資格證明。在船上擔任航海士，地位可是僅次於船長的二把手。在一些規模較小的船上，有時船長還會兼任航海士。在某些情況下，航海士的地位幾乎已經可以和船長平起平坐了。因此除了掌舵之外，航海士還得同時處理許多不同的船上事務。例如，盤點和分配從敵船所搶來的戰利品、船員的食物和日用品的配給，以及當船員們發生爭執時做出仲裁，並決定處罰的方式等。

航海士會使用海圖、方位磁石、海圖圓規、測天儀和望遠鏡等工具，來為船隻指引一條安全的航行路徑。其中「海圖」作為決定路線時的重要參考依據，其重要性不言而喻。尤其在數個世紀前，廣闊大洋上仍存在著許多時人所未知的海域，對於出海的人來說，海圖的存在確實是彌足珍貴。就海圖本身而言，西班牙所繪製的美洲大陸沿岸圖，更是多方所覬覦的對象。為了這張美洲新大陸的海圖，西班牙的船隻便成為海盜們主要鎖定的攻擊目標。

「海圖圓規」是一種能把海圖上的距離，換算成實際距離的重要航海工具。「測天儀」則是能用來算出目前自己的船隻所處位置的工具。方法是利用該儀器來測量因太陽照射而產生的影子，以便得出正確的緯度。最早研發出來的是十字測天儀（Cross Staff），缺點是在使用時必須直視太陽。在不用直視太陽的背測式測天儀（Back Staff）發明出來之後，緯度測定的精確度便得到大幅提升。

船上僅次於船長的第二號人物

航海士深受同伴們信賴，有時地位甚至和船長不分軒輊。

掌舵

航海士在大航海時代，是決定船隻航行方向的舵手。除此之外，航海士還必須策畫要在哪裡襲擊其他船隻，可說是海盜船上的要角。

使用十字測天儀來確定緯度

航海士會使用十字測天儀來算出緯度。可以測量和定位太陽高度的十字測天儀，日後經過改良，成為背測式測天儀。

知道自己錯在哪兒了嗎？

決定航線

航海士會用海圖圓規、羅盤和海圖等工具來算出距離。決定船隻的航行路線，是一項需要經過縝密計算的工作。

執行處罰

有時，海盜船船長會把對船員執行的懲罰，或是將掠奪到的東西等分配權限，下放給航海士。

也有海盜因出眾的武藝，
而被拔擢為副船長的例子

對應時代 ▷	古代	中世紀	大航海時代	近代		對應海域 ▷	大西洋	太平洋	印度洋

 **佩劍和短刀是在危險的肉
搏戰中，使用的武器**

海盜們平日執行一般船員的工作，但一遇到要掠奪的船隻，或是遭到敵對船隻攻擊時，就會化身為戰鬥員參與作戰。在船上，平常除了要站哨、卸貨之外，還得對船體、船帆和甲板進行清掃與維修的工作，很難有閒下來的時候。因為船上成員大多是由一群目無法紀的傢伙所組成，大夥聚在一起很容易出事，所以唯有思路清晰且武藝高強的「水手長」（甲板長）才能制伏船員。水手長的工作就是盯緊船員，看看他們之中有沒有人違法亂紀。

發生戰鬥時，水手長除了要和船長一起商量戰術之外，為了打敗敵人，自己也得掄起武器，率領部下衝鋒陷陣。正因水手長必須身先士卒，所以在戰場上受傷和陣亡的風險也比其他人高。但也因為如此，他能拿到的報酬比普通的戰鬥員要來得豐厚。另外，水手長的人數會依船的規模而調整，人數較少的船上只有一名，人數較多的則有數名。

海盜們在作戰時，首先會用大砲盡可能地破壞敵船的船體，接著才會登上對方的船隻進行貼身肉搏戰。一般來說，海盜的戰鬥通常以使用佩劍、短刀或斧頭，憑藉個人的武藝來擊倒敵人為主，而非鎖定敵對船隻，從遠處發射大砲或鐵砲進行攻擊，此舉也能讓自己遠離危險。海盜船大多為體型小，行動靈活的船隻，在這樣的船上不可能備有充足的大砲和槍枝，火藥的數量也不夠，所以自然難以和大型船隻或軍艦做抗衡。不過，既然無法依賴火器，那麼善於劍術的海盜戰鬥員也就有大展身手的舞台了。

附帶一提，槍枝在海盜活躍的時代，功能其實尚未發展完備，甚至無法進行連續射擊。比起每發射一次就要重新填裝彈藥的槍枝，刀劍絕對是海盜們用來保護自己的較佳選擇。另外，因為戰鬥的地點是在搖晃的船上，所以唯有在這種情況下還能擊敗對手的海盜，才能生存下去。

用佩劍和短刀來應戰

幾乎所有海盜船上的成員，都有一身能參與戰鬥的劍術。武藝高超者，甚至會被拔擢為副船長。

貼身肉搏戰

戰鬥中的貼身肉搏戰，是左右戰事勝負的關鍵。因為用手槍或鳥銃等需要填裝火藥的武器，要能使其發射得花掉不少時間，所以海盜們一般都選擇以短劍、短刀來和敵人進行肉搏戰。其中，武藝高超的戰鬥員，甚至有機會被任命為副船長。

嗚、啊……

海盜的生活之四

砲手所發射出去的砲彈並不會爆炸，只是顆鐵球而已

對應時代 ▷	古代	中世紀	大航海時代	近代

對應海域 ▷	大西洋	太平洋	印度洋

☠ 砲手發射的砲彈，可以攻擊至一‧五公里外的目標

儘管在許多人印象裡，大砲可以說是海盜船上的標配，但大砲首次配置在船上，其實得等到十四世紀，才由英國開風氣之先。之後列強為了爭奪海上的霸權，無不對船隻進行重裝備化工作。到了十六世紀時，艦船砲已經可以把重達二十公斤的砲彈，打到一‧五公里外的地方了。

成為砲手需要擁有專業的技術，因此砲手是相當搶手的人才，他們能拿到的報酬，在船上也只低於船長和航海士，禮遇可見一般。在海盜橫行的時代，發射砲彈得經過一連串危險又複雜的手續，要是不小心把順序或火藥填裝的數量搞錯了，最糟的情況甚至可能導致自爆發生。此外，大砲可不是能發射就好，重要的是得在發現敵方的船隻之後，能盡快且正確地用大砲擊中才行。攻擊能力越高的大砲，越能在敵人注意到我方之前，給予對手一記重擊。

在發現運輸船準備發動奇襲之際，

砲手一發正確擊中對方的砲彈，為海戰正式拉開序幕。技術高超的砲手，會盡快再射出兩發砲彈，使局勢朝對我方有利的方向發展。當對手因我方的奇襲而陷入混亂時，就是讓戰鬥員傾巢而出、登船作戰的最佳時機。砲手雖然也會參與戰鬥，但比起貼身肉搏，他們通常是從遠處，以投擲手榴彈攻擊對方船上重要設施，來掩護我方的戰鬥員。

另外，存放於海盜船上的砲彈，大多不是炸彈。雖說海軍的戰艦的確會使用炸彈，但海盜們用來發射的砲彈，一般來說是沒有裝火藥的「鐵製砲彈」。原因在於，大多數的海盜們一來沒有使用炸彈的技術，二來也沒有充裕的資金。

砲手的工作除了負責大砲的射擊之外，也需對火藥和槍枝等進行保養和維修。目前在日本的海上自衛隊中擔任砲手的人稱為「射擊員」，負責大砲和飛彈發射器（Missile Launcher）的操作與發射任務，同時也處理彈藥等火藥相關的事物。

砲手

第一發砲彈是發動戰事的信號

一旦要和敵方戰鬥時，砲手會向對方的船隻發射第一發砲彈。砲手一職責任重大，並且需要高超的技術。

發射！

發射砲彈
操作大砲發射砲彈，需要四至五個人同時合作才能完成，而且直到發射出去為止得花不少時間。砲手能用大約兩分鐘的時間，來讓砲彈擊中正確的位置。

第一發砲彈
砲手第一發打向敵船的砲彈，是發動奇襲的信號。第一發砲彈的責任重大，需要起到能威嚇，並給予對方傷害的目的才行。

用手榴彈威嚇對手
據說砲手在進行肉搏戰時，會朝著對方船員較集中的地方投扔手榴彈，藉此擾亂他們的行動。

管理火藥
砲手也負責管理大砲和槍枝火藥的工作。為了不讓火藥因受到風雨的濕氣影響，導致很難點燃，需要小心仔細地管理才行。

船醫不需要參與戰鬥，只要在船內待著就可以了

對應時代 ▷	古代	中世紀	大航海時代	近代		對應海域 ▷	大西洋	太平洋	印度洋

☠ 藥品是海盜們望穿秋水都想得到的寶物

在海盜船上，「船醫」是一個相當重要的角色。當船隻一旦離開港口之後，要想再從外界獲得物資和人才就很困難了。船員們若是生病或受傷時，也只能待在船上接受治療。在海盜全盛時期，海盜船上的生活條件依然惡劣，衛生方面更是慘不忍睹。再加上船上的飲食以肉食為主，幾乎很難攝取到維生素和膳食纖維，若待在海上的時間越長，為壞血病所苦的人也會增加，甚至因此喪命。

在醫學還不發達的時候，藥品可是相當貴重的東西。就算海盜船上有船醫坐鎮，若缺乏藥品的話，還是有可能發生傳染病肆虐的慘劇。因此，若是掠奪到醫藥品的話，海盜們一定會小心謹慎地來做使用。

疾病固然可怕，但海盜們在和敵人戰鬥的過程中，或是和同伴們發生爭執時，也經常會受傷掛彩。當海盜們受到刀劍或砲擊而受傷時，船醫就必須為他們進行外科治療。但因為船上的環境和條件實在不佳，所以所謂的「手術」，經常也只能是用鋸子來截斷傷肢，或者用勺子挖出子彈等治療措施。正因如此，傷口或切斷面化膿的可能性相當高，不少人也會因為罹患了敗血病而死亡。

船醫必須在上述這樣極其艱困的環境下，來執行他的任務。加上志願搭上海盜船的醫師非常罕見，所以船醫在海盜船上的報酬相當優渥。就算發生戰鬥時船醫也不用參與，可以在己方的船內待著。如果船醫不幸成為敵方的俘虜，也會獲得高規格接待。船醫就是這樣令海盜們想積極爭取的對象。

在歷史上有案可查的船醫裡，最有名的莫過於撰寫了《物種起源》（On the Origin of Species）一書的達爾文（Darwin）了。不過，達爾文搭乘的並非海盜船，而是英國海軍的「小獵犬號」（Beagle），而且他是以博物學者的身分上船的，船醫只是「兼職」而已。

船醫

船醫在船上備受海盜們禮遇

對海盜來說，能為他們治療傷口和疾病的船醫相當重要。在劫掠的船上若有船醫的話，會讓海盜們欣喜若狂。

稍微忍耐一下啊！

船醫的工具袋

治療傷口

由於在船上進行手術的話，傷者有很高的比率會因此得到傳染病而死亡，所以就算傷得很嚴重，船醫也只能對傷患採取緊急的應對措施而已。船醫會使用縫合傷口的針和線、切開患部的手術刀，以及挖出子彈的勺子，來進行醫療行為。

從商船擄獲船醫

因為想當海盜船船醫的醫師並不多，所以很多時候，海盜都是從遭到他們劫掠的商船上找到船醫的。船醫在船上會受到禮遇，分到的戰利品也比其他人多。

船醫在發生戰鬥時可在船內待著

因為船醫的職責是在戰鬥結束後治療傷患，所以他不需要參與戰鬥。由於船醫是海盜船上的稀缺資源，一旦發生戰鬥時，只須在船內等待就可以了。

海盜的生活之六 海盜船上的木工，拿到的薪水比一般船員少

對應時代 ▷	古代	中世紀	大航海時代	近代		對應海域 ▷	大西洋	太平洋	印度洋

☠ 海盜很少打造新船，通常只會對船隻進行維修

海盜船基本上都是木製的帆船。帆船的外型雖然優美，但與用鐵打造的船相比就顯得脆弱許多，因此平日需要經常進行維修。如果怠慢了對船隻的照顧，海盜船就有可能在戰鬥時沉入海中。負責維修船隻和打造緊急逃生時會用到的小舟，是海盜船上木工們的職責所在。另外，若船隻在淺灘處意外發生觸礁時，木工們還必須肩負起疏散船員們的工作。

船隻的日常維修，不是僅由木工們來做而已，船上的其他成員也會一起出力完成。因為海盜船上的船員們在社會上大多屬於勞動階層，本來就有許多專業技能在身，這些有一技在身的人一旦回到陸地上，就會去做整修屋子等勞動事宜。這基本上就是個人分內的事，會親力為之。所以當他們待在船上時，會去照顧宛如自己家的海盜船，也就再正常不過了。

海盜船上的木工，原則上以修補船隻為其主要的工作，只有在極少的情況下，才會用木材來造新船。「造船」一般來說，是待在陸地上的木工的工作。其實一般海盜船所使用的船隻，原本就多是由掠奪而來的，所以海盜們很少會自行打造船隻。

船隻經過航行，船底會有藤壺和海藻附著，同時船上的木板也會被老鼠啃出洞來，所以當船被拖上岸之後，船員們會進行船底的維修工作，此時擔任指揮任務的是船上的木工。另外，在搶奪對方的船隻時，木工們為了讓更多的夥伴知道「咱們拿下這艘船啦！」也會進行更換對方船隻船首裝飾的行動。船隻的船首裝飾一般為動物或人物像，製作的人依舊是船上的木工。

要是船沉了，海盜這行可就幹不下去啦！所以肩負重任的船上木工，會被免去參與戰鬥的任務。但也因為他們不用冒著身命的危險和敵人浴血奮戰，所以拿到的酬勞也比其他船員少。

船上木工

對船隻進行大規模的修理是木工們的工作

修補船隻作為日常生活中的一環，得由全體船員一起負責，但大型的損傷則由木工們來修理。

船隻的修復作業
木工的工作之一，是修復船隻被砲彈打傷的地方。過去的大砲所使用的素材是不會爆炸的「鐵彈」，它會擊穿木板，對船隻造成很大的傷害。

改變船首的裝飾
因為船首的裝飾乃船隻所有者擁有該船的證明，所以當海盜們奪下對方的船隻之後，會去改變船首的裝飾，更換船首裝飾也是船上木工的工作。

製作小船
當海盜船觸礁無法航行時，船上的木工會指揮拆解船隻的作業。然後他們會用拆解下來的木料來打造救生船，幫助船員們逃生。

樂手在戰鬥中會演奏音樂來提振船員們的士氣

對應時代 ▷	古代	中世紀	大航海時代	近代

對應海域 ▷	大西洋	太平洋	印度洋

☠ 單調的海上生活中，需要音樂來調劑

雖然不是每一艘海盜船皆如此，但確實有些海盜船上擁有會演奏小提琴、喇叭和鼓的樂手。因為船上的生活一般來說，十分單調乏味，所以「音樂」相當受到船員們歡迎。

船上演奏的音樂，通常是能讓船員們保持幹勁，或是能撫慰他們心靈的樂曲。樂手們會配合船上的作業，演奏船歌、吃晚餐時的配樂，或是聽了使人情緒高昂，會想起身跳舞的音樂。另外當海盜們在陸地上時，樂手們偶爾也會在酒席中表演助興。

巴索羅繆·羅伯茨有「世界上最大尾的海盜」之稱，在他的船上也能見到樂手的身影。在羅伯茨製訂的規矩中，他認為樂手是「定期休息也是有必要的」過程中，不可或缺的一群人。由於羅伯茨本身是虔誠的基督教徒，因此他也把樂手當成重要的海盜夥伴來對待。

另外在發生戰鬥時，樂士們也會演奏能激勵人心的樂曲來鼓舞士氣。作戰過程中，樂手會不斷演奏讓人情緒高昂的進行曲，或是船員們喜歡的旋律。

當海盜們要襲擊運輸船時，樂手們也會演奏出威嚇對方的音樂來助陣。在這種情況下，海盜們會先大聲喊叫、恣意謾罵，接著鳴槍示警，然後讓樂手們大聲地演奏不和諧的旋律讓對方聽。當對方感到恐懼時，再用大砲進行攻擊，迫使其停船，最後才進行登船劫掠。

因為極少人會以成為海盜船上的樂手為職業，所以海盜船上的樂手，大多是海盜從襲擊的船隻上擄過來的。反之，若是己方遭到敵對勢力攻擊，船員成為對方的俘虜時，只要是會演奏樂器的人或是樂手，都能免去遭到拷問的處罰。由此可知，對海盜們來說，樂手有多麼受到愛戴了吧！

樂手

能療癒海盜們的藝人

雖然樂手的存在，並非海盜船上不可或缺之物，但透過音樂演奏能夠撫慰海盜們的心靈，提高船上的士氣。

透過音樂演奏來取悅海盜

樂手們會用小提琴、鼓和法國號等樂器，來演奏能提振海盜們幹勁的音樂。戰鬥時，樂手們還會大聲演奏樂曲來為海盜助陣。

聖歌

有些海盜船船長會在安息日時，要求樂手們唱聖歌給他聽，藉此來度過假日。就算是整天在海上尋找商船下手的海盜，也是需要定期放個假的。

從商船上擄來的樂手，受到海盜們的歡迎

海盜船上的樂手，有不少都來自於遭海盜劫掠的船隻上。就算成為海盜的俘虜，只要是會演奏樂器的人，都可以不必遭受拷問。由此可知，會樂器的人有多麼受到海盜們的歡迎。

有些在戰鬥中受傷的海盜船船員，會成為船上的廚師

對應時代 ▷	古代	中世紀	大航海時代	近代

對應海域 ▷	大西洋	太平洋	印度洋

☠ 在海相不佳的日子，船上禁止生火做飯

　　雖然海盜船上也有廚師來為海盜們料理飲食，但海盜船上能夠下廚的環境和可以使用的食材，著實令人不敢恭維。

　　過去，由於食物保存的技術仍不發達，因此海盜船上只能提供醃過的肉類、硬邦邦的壓縮餅乾和酒精飲料（請參考39頁）等食物。不僅如此，船上能用的料理工具相當有限，很多時候甚至連廚房也沒有。舉例來說，以「寶藏傳說」為世人所知的基德船長（即威廉‧基德），據說他的大型帆船「冒險槳帆船號」（Adventure Galley）上，雖然有一百五十名船員，但卻沒有設置廚房。

　　許多海盜船上都是將就、簡單用灶來料理食物，所以一旦遇到浪高這類海相不佳的日子時，為了預防船上發生火災，生火做飯就是被禁止的事情。在不能用火的情況下，船員們就只能以保存期限較長的壓縮餅乾來充飢了。然而，存放在船上的壓縮餅乾其實很容易招來蛆蟲，就算是海盜，見到長了蛆的餅乾也不免會倒盡胃口，難以下嚥。

　　海盜船上也會存放些砂糖，但砂糖在船上可是稀缺的珍品。海盜們在船上所喝的摻糖酒，其調製方法仍流傳至今。製作方法首先是倒一杯蘭姆酒，接著擠壓出半顆檸檬果汁進酒裡，接著加入三匙砂糖。這種酒精飲料名為「格羅格酒」，稱得上是海盜們的「雞尾酒」。當眾人同飲時，海盜們會加水使酒精味道變薄，或不加糖來飲用。由於格羅格酒中有加入檸檬汁，因此還有預防壞血病發生的作用（請參考41頁）。

　　擔任廚師的人，有些是在戰鬥中腳受了傷的夥伴。這樣的安排，或許是出自於「就算腳上裝了義肢，只要雙手能動，仍可以負責做飯這項工作」的想法吧！雖然有時廚師也會烹調釣到的魚，或者把抓到的海龜來為大夥兒加菜，但這樣的好事可遇不可求。

廚師

也有缺了腿的海盜轉型為船上廚師的例子

由武藝精湛且參與過戰鬥的海盜來擔任廚師，還可起到防止有人偷東西吃的效果。

廚師

有些在戰鬥中失去了一隻腳，無法繼續上戰場的海盜，會轉做海盜船上的廚師。廚師會使用有限的食材，來盡量滿足海盜們的口腹之慾。

除掉蛆蟲的辦法

雖然壓縮餅乾（請參考39頁）是海盜們最常吃的食物，但船上的環境會使它極難保存，很容易成為蛆蟲鎖定的目標。為了避免蛆蟲吃掉餅乾，有一種做法是把魚放在餅乾袋上，如此一來蛆蟲就會被魚吸引過去。

在海盜船上做飯的二三事

遇到海相不佳的日子時，擔心船上會發生火災，所以生火做飯是被禁止的事情。但在風平浪靜的日子裡，海盜們會把醃過的肉和魚一起放進大鍋裡燉煮，大快朵頤。

海盜的生活
之九

既要探險也想研究這個世界！
那些搭上海盜船的學者

對應時代 ▷	古代	中世紀	大航海時代	近代

對應海域 ▷	大西洋	太平洋	印度洋

☠ **那些海盜船上的學者在自然科學和博物學領域，對後世學者帶來深遠的影響**

掠奪金銀珠寶等財物，是海盜們的主要目的。但在海盜船上，還有一些人對於初來乍到的土地上的文化、自然環境，以及棲息於當地的動植物饒富興趣，甚至願意花時間來探索。

十七世紀時，一位名為威廉·丹皮爾（William Dampier）的加勒比海盜（請參考120頁），甚至以博物學者和作家的身分聞名於世。他不但完成了航行全球一周的壯舉，還把經驗寫成《新環球航海》（New Voyage round the World）。在這本書裡，他把自己花了十二年航行全球一周的過程，對於未知土地上的文化、風俗、氣候、洋流，以及動植物等事物所進行的觀察與分析給仔細地記錄下來。由於內容深受好評，在歐洲世界一時洛陽紙貴。丹皮爾在成為家喻戶曉的名人之後並沒有閒著，仍然繼續進行他環遊世界的航行，總計達三次之多。

丹皮爾的記錄不只向世人介紹了新世界，對後世的學者和作家也產生了深遠的影響。不論是創立了演化生物學的達爾文，或是有地理學開山祖師爺之稱的洪保德（Humboldt），兩人在建構理論的過程中都受過丹皮爾著作的啟發。另外，丹皮爾的航海技術則由出身英國海軍的庫克船長（Captain Cook）繼承下來。

丹皮爾第三次環遊世界搭乘的是由伍茲·羅傑斯（Woodes Rogers）擔任船長的私掠船。海盜羅傑斯也以著作《世界巡航記》（A Cruising Voyage Round the World）為世人所知。這本書中記錄了一則有關他讓一個從孤島上救出來的人，擔任航海士的故事。據說，這個故事日後成為《魯賓遜漂流記》的靈感來源。

上述兩個人的興趣皆相當廣泛，對航海術、自然科學、考古學和博物學都有涉獵。他們每到一處新的地方，就會詳細撰寫日記，還繪製許多經過精心觀察，且極為重視細節的插圖，留下許多珍貴的記錄，對人類發展起到了一定的貢獻。

學者

也有對研究異國文化和大自然感興趣的海盜存在

有些冒險家不為了財富，而是想研究世界各地的文化，進而加入海盜的行列。

撰寫航海記錄

航海記錄中會記錄下航海的路線、世界各地的人種、文化、歷史和生活樣貌。這些記錄出版後，內容令當時的讀者們驚訝不已。

這種植物還是第一次見到呢！

研究當地的動植物

探訪航海路線上的島嶼，記錄下島嶼上動、植物的生態。這些記錄對日後的博物學研究，發揮了很大的影響力。

對可食用的東西進行研究

動物不只是觀察的對象，牠們有時還會遭到海盜「品嚐」，看看是否可以經過烹煮後被人類食用。例如文獻裡可以看到「紅鶴的脂肪很少，是不錯的肉類」、「犰狳吃起來的味道和烏龜很像」這樣的記錄。

負責打雜工作的船上侍者，
有時晚上還得陪侍船長

對應時代 ▷	古代	中世紀	大航海時代	近代

對應海域 ▷	大西洋	太平洋	印度洋

☠ 抱著一夜致富夢想的年輕男性，也會加入海盜行列

不管在什麼樣的環境之中，都需要有負責打雜的人才行。雖然打雜的重要性比不上管理船員，但打掃或業務輔助等雜事，確實是每天都會出現的工作內容。在海盜船上負責處理這些雜事的人，稱為「船上侍者」。

在現代的客船中，船上侍者一般指的是「負責客房的服務人員」。他們的工作內容為提供客房服務和整理床鋪等，有時也稱作「船務人員」；女性的工作人員有時也以「女性房務人員」稱之。

海盜船船員的招募，可見於報紙的徵人啟事，對於想從事船上侍者的人來說，可以報名應徵「水手實習生」這個職務。一些出生於貧寒家庭的年輕男子，因為懷抱著「發大財」的夢想，所以會自願到海盜船上從事船上侍者的工作。當然，船上侍者裡也有一些人是從被海盜劫掠的船隻中，所擄獲而來。由於這些年輕男子是被海盜抓來的，所以若想保住性命，也只剩下在海盜船上工作這一途。

在船上侍者中，有些做事幹練的少年，還會被分配到擦拭或搬運彈藥等工作。少年們因為有體型較小的優勢，所以在戰鬥時，可以穿梭在敵我混雜的船上空間，負責搬運彈藥的工作。搬運彈藥的風險很高，並非是每個人都能做到的工作，所以無法完成這類任務的人，會被分配到其他負責雜事的崗位。例如負責船長室和船內的打掃，或是當廚師的助手等，有很多不同的工作等著他們。

在海盜縱橫的時代，歐陸上都是實行中央集權的國家，底層民眾基本上就是被控制、壓榨的一群。因此成為海盜，可以看作是對社會感到不滿的底層民眾，希望藉由個人的實力來達到身分向上流動的方法。這些出身低微的年輕船上侍者，在海盜船上做著和陸地上階級制度沒有關係的工作，或許藉由多方累積的經驗，在心中也懷揣著「總有一天我也要當上船長」的夢想也不一定呢！

船上侍者處理海盜的一般日常雜事

船上侍者多是懷抱著夢想的年輕男子，他們以實習水手的身分上船，處理船上所有雜務。

打掃

無法從事運送彈藥工作的年輕人，就會被安排去做掃地的工作，負責船內打掃任務。維持船內的衛生，其實不容馬虎。

廚師的助手

一些船上侍者會成為廚師的助手，協助廚師完成削馬鈴薯皮或送餐等工作。

今晚，來我的房間待著！

被船長使喚的對象

受到船長青睞的船上侍者會待在船長身邊，執行船長下達的所有指令。據說，船上侍者在晚上甚至還得陪侍船長。

協助航行

天氣好時，船上侍者會代替操舵員，以舵手的身分來掌舵，他的工作是讓船能穩定地航行在航線上。

被海盜們藏起來的寶藏，
可能正隱身於世界的某處！

挖掘海盜寶藏的作業，至今仍在進行中

　　以「基德船長」之名為世人所熟知的威廉‧基德，傳說他在全球許多地方都埋藏了不少稀世珍寶。據估計，這些被他埋藏起來的寶藏，總價值可能高達十萬鎊，若以今天日本的貨幣來計算，應該在二十至五十億日圓以上。就在最近的二〇一五年，從某艘沉船中打撈出一批據說可能為基德所有，重達五十公斤的壓延銀條。雖然很可惜，事後證明這個消息並不正確，但有關海盜寶藏的傳說，仍然讓許多人為之著迷不已。另外，自從一八〇四年在加拿大的奧克島（Oak Island，也稱為橡樹島）上，有一名十六歲的少年發現了一塊上頭寫著「這下頭埋著兩萬鎊」的石板後，直至今日，該島對於寶藏的挖掘作業仍在持續進行。在國外甚至還有一個紀錄片節目，因播放該項挖掘作業而擁有很高的人氣。

第三章

作戰和製作工具的方法

☠ ☠ ☠

海盜會攻擊商船，把船上的金銀財寶占為己有。他們發動劫掠的手法多元，除了會以變裝來吸引其他船隻靠近，有時還會發動奇襲。在第這章裡，讓我們來看看，海盜們在航海過程中會使用到哪些道具、武器、船隻和旗幟吧！

海盜會佯裝自己的船要沉了，最後卻襲擊前來協助的船隻

對應時代 ▷ 　古代　｜中世紀｜大航海時代｜近代　　　　對應海域 ▷ 　大西洋　｜太平洋｜印度洋

☠ 海盜可不只有一身蠻橫勇猛，還會耍心機打心理戰

海盜其實不只會掄刀作戰，他們還是一群善於「心理戰」的戰略家。

當海盜發現了裝滿財物的船隻後，會用盡各種方法，例如來個出其不意的奇襲，或是執行威嚇對方等的心理戰，來提高劫掠成功的機率。

做法如下。首先，海盜會升起表示友好的旗幟，並讓船員們換上軍裝，以此來讓對方放下警戒，甚至有些海盜還會打扮成上流社會的女性呢！等到兩邊的船隻靠近後，海盜就會升起海盜旗，然後以大吼、鳴槍，或是讓樂手演奏些難以入耳的音樂來動搖對方的心理。接著用大砲進行攻擊，迫使對方把船停下來，最後才是登船進行劫掠。

人類一旦遭遇到完全沒有預料的事情時，通常就會失去正常的判斷能力。這些在船上原本毫無戒心的人一旦陷入慌亂後，就會輕易地被制伏。

橫行於十八世紀的海盜愛德華・蒂奇（Edward Teach），會在自己的長頭髮和黑鬍子綁上火繩，接著再點火之後衝進對方的船裡。由於他那被火光照亮，宛如惡魔般的臉孔會令看到的人心生恐懼，結果就是讓對手放棄對抗。像這樣以勾起對方恐怖的情緒，然後一口氣發動進攻的作戰方式，也是海盜們的得意伎倆。

當海盜們要劫掠比自己的船要大上許多的船隻時，一樣會去執行巧妙的心理戰術。例如，海盜們會藉由把船上的貨物堆放到同一側的方式，來讓自己的船看起來像是正在沉沒的樣子，或是讓船員們躲在甲板底下，佯裝成遭遇船難的模樣，等到願意出手相助的船隻接近他們時，再突然揚起海盜旗，傾巢而出襲擊對方。

雖然戰術看起來都很卑鄙，完全不像乘風破浪的海國男兒會幹出來的事，但為了能求得勝利和掠奪到金銀財寶，無論怎樣骯髒的手段都不在意，就是他們的生存方式。

裝扮成貴族或一般市民來欺騙對方

海盜是出色的戰略家，他們不但會裝扮成女性，還會假裝成需要援助的樣子，然後偷襲前來幫助他們的船隻。

藉由變裝來吸引其他船隻靠近
海盜們會單手拿著武器，換上貴族的服飾，或打扮成女性，並和其他成員佯裝成配偶來混淆視聽。當對方船隻放下對海盜船的戒心，往他們靠近時，再突然發動奇襲。

商船

為了不讓對方發現這其實是一艘海盜船，而躲藏起來的海盜

換上穿著一般民眾服裝的海盜

讓人看起來像是在演奏樂器的海盜

打扮成女性的海盜

威嚇

用可怕的外表來嚇唬對手

威嚇對手也是海盜會使用的戰術之一，例如用大砲轟擊對方，或裝扮成令人生畏的恐怖模樣。

用大砲威嚇對方
海盜們在發現敵船之後，會先發射砲彈進行攻擊。這麼做的目的是為了破壞對方的船隻並起到威嚇的效果，使其自動投降。

裝扮成恐怖的模樣來嚇唬對手
海盜們會藉由誇張又恐怖的裝扮，讓自己看起來很強悍，使他人對其心生畏懼。有的海盜甚至會把火繩繫在自己的長鬍鬚上，然後點火，讓臉看起來像著火了一樣。

趁對方一不留神時奪取其財物

海盜們會用盡各種巧妙且大膽的戰術，來進行奇襲。

划著小船悄悄潛入

海盜們會利用天亮之前，駕著小船靠近他們鎖定的目標，然後偷偷地摸上船去。透過這種奇襲，造成對方自亂陣腳，戰意盡失。

攻擊舵手

海盜登上對方的船上之後，首先會用鳥銃等武器攻擊舵手，藉由出其不意的襲擊，讓對方陷入混亂。有些技術高超的砲手，此時會以狙擊手的身分大出鋒頭。

用斧頭破壞船帆

海盜在登上對方的船隻之後會爬上帆網，然後用斧頭破壞它，藉此讓對方的船隻無法繼續航行。有些被海盜襲擊的船隻，由於船員親眼見到自己的船已遭到損毀，便喪失抵抗意志，只好向海盜投降。

作戰與製作
道具的方法
之二

有些海盜不只會在海上劫掠，甚至還會轉戰內陸

☠ 海盜登上了陸地後，展現出的殘暴程度更勝海上

　　成為被海盜鎖定、劫掠目標，可不只航行於海上的船隻而已。生活在沿海城鎮的居民，也是海盜們下手的對象。有些不時會遭到海盜襲擊的城鎮會在港口建造堡壘，做為防禦的手段。不過海盜也不是省油的燈，除了海上之外，他們在陸地上也能進行劫掠行為。

　　例如亨利·摩根（Henry Morgan）就以擅長陸地作戰令人聞風喪膽。讓摩根一戰成名的，是他在一六六八年時，對普林西比（Príncipe）這座城市發動攻擊。普林西比位於古巴（島）上幾乎正中央的位置，正因為這裡距離海邊有一段距離，所以過去並沒有遭到海盜攻擊的記錄，是當時一座遠近皆知的富裕城市。

　　決定拿下普林西比的摩根一行人，便把船隻藏在港灣裡，以步行的方式走了四十八公里，才來到普林西比。當他們在深夜抵達普林西比後，立刻發動攻擊。由於侵略來得過於突然，

居民們根本措手不及，城市很快地就被占領了。摩根一行人就這樣輕鬆地劫掠到貴金屬、食物和酒等物資。

　　嘗到甜頭的摩根日後使用相同的方法，襲擊了波托韋洛（Portobelo）與卡塔赫納（Cartagena）和巴拿馬等城鎮。這幾個地方，都是西班牙人要把掠奪到的金銀財寶送回本國時，會利用的幾個據點。在攻擊巴拿馬時，摩根把三千名海盜加以組織化，然後花了十天的時間行軍，徒步走過巴拿馬地峽。這麼做的目的，是為了避開與西班牙軍隊堅固的海上防禦設施發生正面衝突，採取從背後襲擊的戰術。最後，摩根在這場戰爭中取得了決定性的勝利。

　　摩根不只搶奪數量驚人的金銀財寶，為了完全壓制整個城鎮和村莊等聚落，他還會對兒童、女性和神職人員進行無差別攻擊，甚至把居民們集中到修道院之後，再殘忍炸毀。來到陸地上的海盜，對城鎮居民的攻擊行為，其殘暴程度更甚於海上。

在陸地上的掠奪行為

海盜們在陸地上的掠奪行為比在海上更加殘忍

海盜的掠奪行為不僅限於海上，有些還會襲擊港口城市，搶奪居民的財物和食物，讓人苦不堪言。

說！值錢的東西藏在哪？

威脅當地居民

海盜在襲擊村里，控制了整個聚落之後，會把村長和居民們抓來，詢問他們「值錢的東西放在哪裡？」如果居民沒有老實回答的話，就可能受到拷問或殺害。

殺害一般民眾

有些海盜為了完全占領整個城鎮，會殺害包含女性和小孩在內的所有居民。所用的方法甚至包括把居民們集中到建築物裡之後，用火藥炸掉建築物。就連軍人有時也不是海盜的對手。

為慶祝勝利，喝到酩酊大醉

海盜們在洗劫了城鎮之後，會把搶到的金銀財寶聚集起來，然後為慶祝行動成功，喝個酩酊大醉。

原為農業使用的刀具，也是海盜愛用的武器

對應時代 ▷	古代	中世紀	大航海時代	近代

對應海域 ▷	大西洋	太平洋	印度洋

☠ 「短劍」是海盜們在戰鬥時，會用到的武器

海盜們會使用刀、槍和大砲等不同的武器，來進行戰鬥。

其中，「短劍」（Cutlass）稱得上是海盜們在戰鬥時，用得最愛不釋手的武器了。短劍是在《神鬼奇航》等系列電影中，海盜們最常抄在手上的傢伙。短劍的特徵是劍長約五十至八十公分，刃面寬廣。因為單手就能使用，所以很適合應用於狹窄的船內空間或甲板上的戰鬥。

據說海盜所使用的短劍，改良自南美洲的人民用來收割甘蔗時會用到，日本稱「鉈」的柴刀。在經過歐洲人的特殊改良、鑄造後，與適合用來刺擊的佩劍（Sabre）相比，劍身較短的短劍，更適合用來與對手進行肉搏廝殺。另外，短劍還能用來切斷敵人為了登上我方的船時，所投擲到船上的登船繩索。

因為短劍源自於「鉈」，所以也是船隻進行整修時，會使用到的修繕工具。但也正因如此，身上會攜帶短劍的人，通常是船上的下級海盜。至於不負責一般船務的船長或高級船員，則以攜帶佩劍為主。

海盜們還會使用比短劍更小一號，稱為「高里」（ガリ）的短刀來進行戰鬥。通常海盜會把「高里」藏在衣服裡，裝出一副友好的態度接近敵人，等到雙方距離靠近，再出其不意地亮出刀子，切斷對方的喉嚨。「高里」就是適合用來進行偷襲的武器。和短劍一樣，「高里」同樣也會在船內等處，日常幹活兒的時候會用到。

另外，斧頭和刀劍一樣，也是海盜們在和敵人戰鬥時，會用到的一種武器。在要登上敵方的船隻時，海盜們會把斧頭砍進船舷（船的側面），攀爬到對方的船中。等進入對方的船上之後，再用斧頭斬斷帆綱，然後掄起斧頭，對想攻擊自己的敵人的腦袋來一記重擊。由於斧頭比刀劍要沉上許多，或許會使用斧頭的人，都是那些會出現在電影裡的大塊頭吧！

劍

海盜們使用刀身短，揮舞起來靈活的劍

戰鬥時，海盜喜歡使用短劍勝過長劍，因為在狹窄的船內，短劍比較容易揮舞。

短劍
短劍全長約五十至八十公分，重約一‧五公斤左右。這種劍因為刀身短刀面寬，所以很適合在狹窄的船內使用。

短兵相接
進行貼身肉搏戰時，刀劍是重要的武器，海盜們會拿短劍來和對手廝殺。

高里
「高里」是一種海盜們經常會帶在身上的短刀，刀身長約二十五至三十公分，重量不到一公斤。

用短刀突襲對手
海盜會把短刀藏在懷裡，等到靠近敵人時，再突然亮刀捅對方的腹部或割斷喉嚨。

子彈用完的手槍
也可以當成鈍器來互毆

對應時代 ▷	古代	中世紀	大航海時代	近代

對應海域 ▷	大西洋	太平洋	印度洋

除了手槍、鳥銃，海盜還會使用多種槍械

　　手槍是和短劍齊名的海盜所使用的代表性武器，在海盜登上敵方的船隻開始進行近身戰時，槍身較短的手槍很適合用來應戰。

　　海盜們所使用的手槍為「燧發槍」（Flintlock），這種類型的槍枝得從槍口處來裝填子彈和火藥。發射原理為，在扣下板機後，利用打火石（燧石）磨擦出的火花來點燃火藥，進行子彈的發射。

　　不過，這種手槍因為在每發射一顆子彈後，就得花時間裝填第二發子彈，因此有些海盜甚至會隨身帶著好幾把手槍在身上。在一枚子彈射擊出去後，海盜們會反方向來拿槍枝，利用槍托的部位再給對手來上一擊。

　　鳥銃通常用於從遠處狙擊敵人。鳥銃的槍身較長，而且槍枝內部有螺旋狀的溝槽（Rifling），不但可以增加槍枝的射程距離，還能提高擊中目標的命中率。在鳥銃問世以前，人們若想攻擊位於遠處的敵人時，就只能使用弓箭這種武器而已。由於鳥銃比弓箭來得好操作且威力強大，所以問世後立刻取代弓箭，成為海盜們愛用的武器。雖然鳥銃也屬於「燧發槍」無法進行連續射擊，但優秀的狙擊手還是能用它來解決敵方船上的舵手。

　　鳥銃的另一個缺點是，使用者很難於短時間內，在搖搖晃晃的船上裝填好子彈和火藥。後來，針對鳥銃的缺點進行改良後問世的，則是「喇叭槍」（bacamarte）。

　　喇叭槍正如其名，擁有一個形狀像喇叭的槍口。這個槍口能夠起到類似漏斗的作用，讓使用者能迅速裝填子彈和火藥。儘管喇巴槍的命中率不如鳥銃高，而且射程距離也不遠，但因為它能填裝較多的火藥和子彈，所以用起來就像散彈槍一樣，是射擊一次就能殺傷許多人的強力武器。喇叭槍又被叫做「雷管」（Blunderbuss），也能在狩獵時使用。

手槍在射擊後，可以當成根棒來使用

由於手槍射擊一次之後，得花時間來準備第二次射擊，所以不適合近身戰時使用。

手槍

手槍對海盜來說，是地位僅次於短劍的武器。手槍經常用於在登上對方的船隻之後，雙方所展開的近身戰的時候。由於當時的手槍每次只能發射一顆子彈，而且裝填彈藥又很花時間，因此手槍在射擊之後，經常被拿來當成棍棒使用。

鳥銃

鳥銃射出的子彈會一邊旋轉且成直線飛行。雖然它的命中率比手槍高，但在搖搖晃晃的大海上，想要瞄準目標物也不容易。

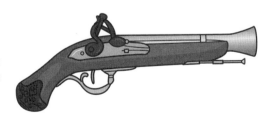

喇叭槍

儘管喇叭槍的槍口寬，裝填彈藥的速度也比鳥銃快，但因為命中率不高，所以大多在近身戰時使用。

海盜也會使用像「撒菱」的忍者武器，來阻礙敵人行動

對應時代 ▷	古代	中世紀	大航海時代	近代

對應海域 ▷	大西洋	太平洋	印度洋

從大砲到船舶工具，海盜會運用各種東西來作戰

只要海盜船追上了他們鎖定的船隻，就會立刻發射大砲進行攻擊。

一提到海盜船，許多人腦海中馬上會浮現，海盜們會用船上浮誇的大砲攻擊對手，爆破對方船隻的畫面吧！然而，那個時代的海盜所使用的砲彈是不會爆炸的「鐵彈」，因此就算砲彈擊中對方，也只會在船體上打出一個窟窿而已。

為了能給對方的船隻造成更大的傷害，之後研發出了「鍊彈」（Chain Shot）。因為鍊彈的製作方法是把兩顆砲彈給鎖在一起，所以飛行距離會比一般的砲彈短，但卻具有一發就能摧毀對方船隻桅杆和船室的破壞能力。

還有一種「葡萄彈」（Grapeshot）能夠同時發射出多顆砲彈。這種砲彈的名稱源自於把多顆小型砲彈塞進帆布製的袋子之後，帆布袋的外觀看起來很像一串葡萄。葡萄彈雖然飛不遠，但卻具有極大的殺傷能力，也是一種令人心生恐懼的武器。

此外，「手榴彈」也是海盜們會使用的武器。製作海盜手榴彈的方法，首先要在壺狀的陶瓶裡倒入焦油（Tar），然後用布把瓶口塞好。使用時，先在布上點火，然後將其投擲到敵人的船隻上。當陶瓶掉落在甲板上破裂之後，流出來的焦油一遇到火就會引起爆炸，讓敵方船隻陷入一片火海。由於過去的船隻大多為木製，所以非常容易著火。

有些海盜還會使用「鐵菱」這種，類似於日本忍者手中「撒菱」的武器。當鐵菱撒在甲板上，針尖的那一面會朝上，由於海盜們在船上都光著腳丫行動，所以能夠起到拖住對方的功用。

另外，在海盜的兵器譜中，還有一種可以用來突刺對手，在棒子的前端成錐子狀的武器「馬林穗」（Marlin Spike）。馬林穗原本是一種用來鬆開，因浸泡在海水中而變得堅硬的繩索的工具，但沒想到卻被海盜們拿來當作武器使用了。

其他武器

根據戰鬥方式選擇使用的武器

除了刀劍和手槍，海盜們還會根據情況，選擇不同的武器來應戰。

作戰

武器

工具

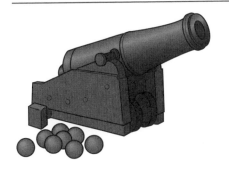

大砲

過去海盜所使用的砲彈是不會爆炸的「鐵彈」。這種砲彈雖然只能把對手的船砸出個窟窿，但因砲擊所造成的四散碎片，也可能會使敵人受傷。另外還有一種把兩顆砲彈綁在一起的「鍊彈」，它的威力是能破壞掉敵方船隻的桅杆。

手榴彈

手榴彈的製作方法為，把焦油倒入壺狀的容器裡，然後用布把容器口塞住。使用時，先在布上點火，接著將其投擲到敵人的船上。容器在受到衝擊破裂後，就會引燃爆炸。

馬林穗

馬林穗原本是一種用來鬆開，因浸過水而變硬的繩索的工具。因為其前端呈現尖尖的椎狀，所以被海盜相中，拿來當成武器使用。

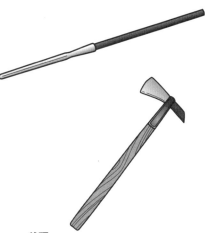

鐵菱

鐵菱的設計原理是，它的其中一個針尖兒肯定會朝著上方。因為海盜怕滑倒，所以待在甲板上時，基本上是光著腳的。此時若一個不小心踩到了鐵菱，腳就會受重傷。

斧頭

斧頭既是工具也是武器，海盜會利用把斧頭砍進船舷的方式，來進入到對方的船上。等上了敵人的船之後，再用斧頭來破壞船帆或攻擊對手的頭部。

裝設了多門大砲
還能快速移動的海盜船

對應時代 ▷	古代	中世紀	大航海時代	近代

對應海域 ▷	大西洋	太平洋	印度洋

☠ 有的船速度快、有的船火力強，海盜船各有特色

海盜船是海盜們並肩作戰的親密盟友，更是他們如故鄉般的棲身之所。雖然都叫「海盜船」，但根據使用目的差異，還是有區別的。

「單桅縱帆船」（Sloop）是最受海盜們喜愛的帆船。從十八世紀開始，加勒比海一帶就已經在生產這種帆船了。單桅縱帆船全長約十至二十公尺，船身小重量輕。雖然這種船的火力並不強大但速度卻很出眾，還能航行到淺水處。叱吒加勒比海的海盜頭子巴索羅繆‧羅伯茨，就曾僅靠一艘單桅縱帆船，一舉拿下由二十艘以上大型商船所組成的船隊。

因善於海上作戰，「前桅橫帆雙桅船」（Brigantine）便受到海盜們的青睞。十三世紀左右，歐洲就已經在製造這種併用船槳的帆船了。到了十七世紀，前桅橫帆雙桅船仍在英國海軍服役。在進入到十八世紀之前，這種船的前桅已掛起橫帆，並在後桅則掛起了縱帆。

「巡防艦」（Fregata）活躍於大航海時代後期，航行速度快，又具有相破壞力，是海盜們最喜歡的船隻。巡防艦是英國在十七世紀時開發出來的軍艦，到了一八六〇年左右，在大西洋、印度洋或加勒比海上都能看到巡防艦的身影。巡防艦原來是一種船身小航行速度又快的帆船，但在不斷的重武裝後，到了十八世紀時已經成為海戰中的主力。巡防艦因為有好幾張帆，所以能夠快速地移動，在無風的日子裡也可以藉由船槳來航行。惡名昭彰的海盜如愛德華‧蒂奇或威廉‧基德，都相當中意巡防艦。

「卡拉維爾帆船」（Caravel）適合探險或長期航行，這種帆船搭配輕武裝，能載運大量的貨物。哥倫布在執行發現新大陸的航行時，搭乘的正是名為「聖瑪利亞號」的卡拉維爾帆船。另外，在十八世紀成為主流的「雙桅縱帆船」（Schooner），則以擁有兩根以上的桅杆和縱帆，為其具有識別性的標誌，並成為執行遠洋航行的主要帆船。

海盜船

出現於大航海時代的海盜船

蓋倫帆船是大航海時代最具代表性的海盜船。它原本是商船，但經過改良之後，也可應用於海戰。

作戰

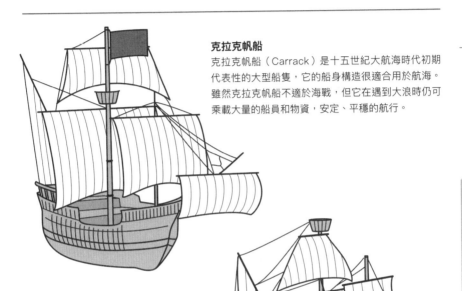

克拉克帆船

克拉克帆船（Carrack）是十五世紀大航海時代初期代表性的大型船隻，它的船身構造很適合用於航海。雖然克拉克帆船不適於海戰，但它在遇到大浪時仍可乘載大量的船員和物資，安定、平穩的航行。

武器

工具

德川家康與伊達政宗的蓋倫帆船

在蓋倫帆船活躍於海上的大航海時期，日本正處於「戰國時代」。但由於蓋倫帆船屬於商船，比較不適於海戰，所以當時並沒有受到日本國內的重視。不過德川家康和伊達政宗獨具慧眼，看上了蓋倫帆船作為貿易船的功能，於是命令傳教士幫他們打造船隻。如今日本的蓋倫帆船，也就只有德川家康和伊達政宗所造的這兩艘而已。伊達政宗的船名叫「聖胡安包蒂斯塔」（San Juan Bautista），它還曾兩度往返過太平洋。

蓋倫帆船

蓋倫帆船（Galeón）是克拉克帆船經過改良後的船隻，它活躍於十六世紀中期至十八世紀末。蓋倫帆船利用其船身長、高度低的特色來增加船隻的安定度。因為蓋倫帆船的噸位很大，所以就算是從船上發射大砲，搖晃的程度也很小。再加上其航行速度還算可以，所以也可應用於海戰。

船隻的整體構造

海盜船上的船員沒有個人寢室

來介紹一下，在大航海時代，海盜船的船隻構造。在船上船員們沒有個人寢室，只要找到沒人使用的地方就能用來休息。

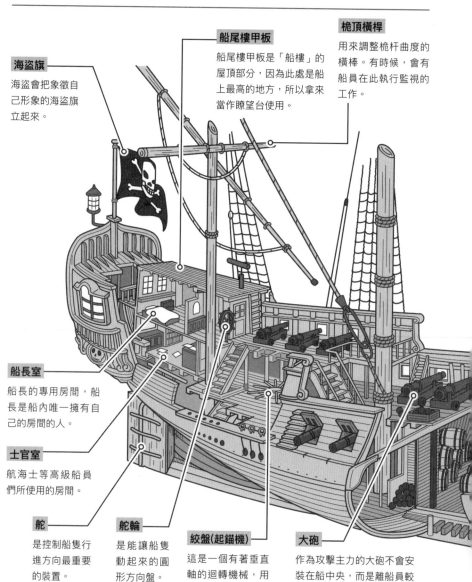

船尾樓甲板

船尾樓甲板是「船樓」的屋頂部分，因為此處是船上最高的地方，所以拿來當作瞭望台使用。

桅頂橫桿

用來調整桅杆曲度的橫棒。有時候，會有船員在此執行監視的工作。

海盜旗

海盜會把象徵自己形象的海盜旗立起來。

船長室

船長的專用房間，船長是船內唯一擁有自己的房間的人。

士官室

航海士等高級船員們所使用的房間。

舵

是控制船隻行進方向最重要的裝置。

舵輪

是能讓船隻動起來的圓形方向盤。

絞盤(起錨機)

這是一個有著垂直軸的迴轉機械，用於把船錨的鎖鏈捲上來的時候。

大砲

作為攻擊主力的大砲不會安裝在船中央，而是離船員較近之處。

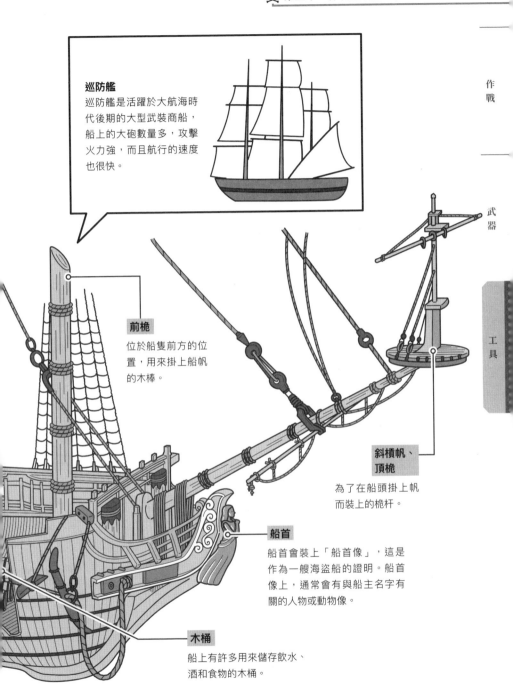

巡防艦

巡防艦是活躍於大航海時代後期的大型武裝商船，船上的大砲數量多，攻擊火力強，而且航行的速度也很快。

作
戰

武
器

工
具

前桅

位於船隻前方的位置，用來掛上船帆的木棒。

斜槓帆、頂桅

為了在船頭掛上帆而裝上的桅杆。

船首

船首會裝上「船首像」，這是作為一艘海盜船的證明。船首像上，通常會有與船主名字有關的人物或動物像。

木桶

船上有許多用來儲存飲水、酒和食物的木桶。

作戰與製作
道具的方法
之七

藉由觀察雲的形狀和候鳥的飛行，來發現陸地

對應時代 ▷ | 古代 | 中世紀 | 大航海時代 | 近代

對應海域 ▷ | 大西洋 | 太平洋 | 印度洋

☠ 海盜們會活用各種工具來進行航海活動

航行於沒有任何標記的大洋上時，若不知道自己的船隻目前身處何處，接下來將要前往何方的話，航海活動是不可能進行下去的。

海盜們之所以能夠在海上自由自在地暢行無阻，依靠的還是自己學習到的那一套航海技術。因此若想成為一名海盜，首先要做的，是把一套航海工具給弄到手。

「海圖」是航海過程中不可或缺的工具。手上若沒有海圖，人們將會迷失在茫茫大海中。海圖上記錄著世界各地的港口、航路、海灣和礁石的位置。過去，由於世界上仍存在著許多未知的海域，因此當海盜們發現戰利品中有海圖時，無不大喜過望。

在海上要想知道方位，得靠「羅盤」協助才行。因為羅盤的指針固定指向北方，所以海盜們可以透過辨識指針，來決定船隻的航行方向和大致的緯度，並確定自己的位置。

另一個在航海過程中必不可少的工具為「海圖圓規」。利用圓規可以開合的兩隻腳，能夠計算出海圖上兩個地方之間的實際距離。海盜們會以海圖基準，同時使用羅盤和海圖圓規，來規劃航行的路線。另外，這項工作主要由船上的航海士來擔當。

海盜還會使用「望遠鏡」來找尋陸地和下手的目標。在看不到陸地的時候，海盜們能藉由望遠鏡，來觀察雲的形狀和候鳥的飛行，以便得知應該會存在的陸地的方位和距離。

能測量太陽高度的「十字測天儀」經過改良後，成為可以用來測量緯度的「背測式測天儀」。透過測量太陽照射所產生的陰影和方向，來得到大概的緯度資料。最後，船上還得備有天然磁石才行，海盜們會把在磁石上磨製、磨擦過後的針，拿來製作羅盤。

航海時不可或缺的工具

進行長期航行時需要有搭配的工具。海盜若想發現「獵物」、不想在海上「迷路」的話，就得妥善使用這些工具。

哎喲！
那個是……

望遠鏡
望遠鏡能幫助海盜早一步發現到陸地或敵方的船隻。另外，透過望遠鏡來觀察鳥類或雲的動向，也能作為判斷距離和陸地的依據。

海圖集、羅盤、海圖圓規
這三樣是海盜們用來決定航路時不可或缺的工具。海圖集上記錄了各地港口的資訊和海灣所在之處，內容相當豐富。以海圖裡的資料為基準，海盜們會同時使用羅盤和海圖圓規來判斷船隻行進的方向和航海距離。

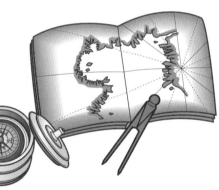

磁石
磁石（Lodestone）是具有磁力的天然石頭。把針在磁石上磨擦後，可以製作成羅盤來使用。因為磁石是貴重物品，為了不讓它遺失，海盜會把磁石收進盒子裡，放在精緻的木盒中保管。

海盜會使用骷髏頭的旗幟來讓對手心生恐懼

對應時代 ▷ | 古代 | 中世紀 | **大航海時代** | 近代

對應海域 ▷ | **大西洋** | 太平洋 | 印度洋

☠ 海盜旗上象徵死亡和力量的圖示，能讓被他們鎖定的目標心生恐懼

「骷髏頭」旗幟是海盜的象徵，這面旗就像在對獵物們說：「我們是海盜，你們快投降吧！」

上述的海盜旗，英文為Jolly Roger，據說這個字彙的語源來自於法文的Joli Rouge，意思是：如血液般美麗的紅色。另有一說認為，其語源也可能來自於Old Rojer，也就是「惡魔」一詞。

或許在很多人的印象中，海盜旗的設計基本上就是黑底，然後上頭有兩根交叉的骨頭，骨頭上面還有一個白色的骷髏頭。但事實上，海盜旗並無一定的格式。海盜旗上的圖示，基本上會以海盜船船長的想法為主，選擇能夠讓對手感到恐懼的設計來呈現。

海盜旗正式開始使用的時間，始於十七世紀左右。有「黑鬍子」之稱的海盜愛德華·蒂奇所使用的海盜旗上，就描繪了一副左手持長槍，右手握著一個沙漏的骷髏。「沙漏」傳達的意思是「沒有時間囉……還不快點投降！」

在愛德華·蒂奇之後，海盜們無不以象徵「死亡」的骷髏和炫耀「力量」的武器，來設計自己的海盜旗。

來介紹幾個著名海盜所使用的海盜旗。約翰·拉克姆的海盜旗，是在骷髏頭下有兩把交叉的彎刀，彎刀象徵的是力量。愛德華·蒂奇的海盜旗上，有著左手拿著長槍，右手握著一個沙漏的骷髏，其中長槍的尖端直指心臟，這個構圖傳達的訊息是「不投降的話，就把長槍刺向你的心臟」。巴索羅繆·羅伯茨的海盜旗上，是他和死人對飲的樣子。至於愛德華·羅（Edward Low）的海盜旗上則有一副紅色的骷髏，意思是「沒時間等待囉……」

海盜們就是透過揚起精心設計過的海盜旗，來讓獵物嚇得瑟瑟發抖。

海盜旗

看起來既恐怖又有點可愛的海盜旗

海盜旗上除了知名度最高的骷髏之外，還有許多不同的設計，而且每種繪圖和顏色都有其意義。

針線活
海盜旗是由海盜船上負責船帆的職工，或是懂針線活的船員來製作。

約翰・拉克姆的海盜旗
骷髏頭的下方有兩把交叉的彎刀，骷髏頭象徵著「死亡」。

亨利・埃弗里（Henry Every）的海盜旗
在兩根交叉的大腿骨上擺一顆骷髏頭的設計，象著徵死亡，這是最常被使用的海盜旗。

托馬斯・圖（Thomas Tew）的海盜旗
有一隻握著短刀的手，刀是「力量」的象徵。

克里斯多福・穆迪（Christopher Moody）的海盜旗
穆迪的海盜旗由骷髏、短刀和長著翅膀的沙漏所構成。沙漏意在勸人「快點投降」；旗幟的料布為紅色，象徵「鮮血」，有大開殺戒之意。

愛德華・蒂奇的海盜旗
宛如惡魔的骸骨右手拿著沙漏，左手握著長槍。長槍的尖端對準心臟，三個圓點彷彿是心臟被刺之後，滴落的鮮血。

曾經實際存在於牙買加的海盜天堂

消失於歷史洪流中的海盜聚集地

一六五五年，當英國從西班牙手中奪下牙買加時，牙買加總督熱情地歡迎那些攻擊西班牙船艦的海盜們，這件事促成了牙買加的皇家港，成為海盜們的淵藪之地。由於皇家港是能夠停泊五百艘船隻的大港，加上它又位在加勒比海海運路線的中央位置，所以是深受海盜們喜愛的地方。海盜們在這個到處充斥著掠奪到的戰利品的城市裡，連流於妓院、賭場和酒樓之間。另外，從英國來到此處的貿易商人，更讓這座城市紙醉金迷的程度，成為加勒比海之最。然而，也有人批評「這個城市是由全世界最墮落的一群人所建立起來的」。一六九二年，皇家港在遭受到地震與海嘯的雙重打擊後，有超過一半的市街就此沉入海中。

第四章

西方的海盜

不同時代對海盜的
稱呼方式也不一樣

從古至今，世界各地都能見到海盜的蹤影。海盜長期存在於人類的歷史之中，而且對歷史的進程造成巨大的影響。在這一章裡，將向各位讀者介紹古希臘、羅馬時期的海盜、維京人，以及在不同國家中，被稱為私掠者的海盜。說明將按照不同海盜們的生活和作戰方式，以及歷史來進行。

古希臘的海盜船全長只有三十六公尺，船身小且行動自如

對應時代 ▷	古代	中世紀	大航海時代	近代

對應海域 ▷	大西洋	太平洋	印度洋

希臘和腓尼基彼此爭奪地中海的霸權

在古希臘時代，有許多海盜於地中海和愛琴海一帶橫行無阻。到了西元前八世紀，當希臘建立起許多都市國家「城邦」之後，城邦的統治者們無不投入掠奪往來船隻上金銀財寶的行動。有時，他們還會以其他島嶼或海邊的村莊為目標進行劫掠，行為實在與海盜無異。

同一時期，在這片海域上進行貿易的民族，主要是腓尼基人。居住於今天黎巴嫩一帶的腓尼基人具備優異的航海能力，他們會在自己的船隻裡裝載銀、銅、錫和琥珀等貴重物品，往來於地中海之間進行商貿活動。也因為如此，腓尼基人成為海盜們鎖定的目標，尤其是利用西班牙輸入的銀所鑄成的銀幣，更是熱門搶手貨。

腓尼基人為了抵抗來自希臘人海盜的威脅，也把自己武裝起來。之後在與希臘競爭制海權的過程中，腓尼基人一邊從事商貿活動，同時也開始進行海盜行為。事實上在古代，戰爭與海盜行為的差異，其實也只有一線之隔。另外，由於腓尼基人的活動範圍相當廣泛，所以也有「海上的遊牧民族」之稱。腓尼基人通常會在他們所到之處建立都市，藉此來把自己的文化傳播到各地，據說「字母系統」（Alphabet）即源自於腓尼基文化。

古希臘時期的海盜最喜歡的船隻是速度快、行動又敏捷的小型槳帆船（Galley）。小型槳帆船能在被大型船隻追趕時，逃進狹窄的航道內避難。希臘的貿易船雖然可以裝載許多東西，但因為是帆船，所以得依靠風力才能航行。正因如此，朝自己步步進逼又靠人力來移動的槳帆船，會讓帆船無法甩開。通常，海盜們會在航路上虎視眈眈，等到目標現身時，便立刻從附近的小島或海灣處一湧而出，發動攻擊。而且不只掠奪金銀財寶，海盜們連船上的人也不放過。一抓到有錢的人，就會逼他們繳贖金，若拿不出錢來，就把他們當奴隸賣掉。

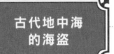

古代地中海的海盜

擁有百名以上槳手的槳帆船

古希臘時期的海盜，搭乘著依賴人力來航行的大型船隻，在海上行動。有時，船上的人數會達百人以上。

槳帆船

槳帆船是古希臘和羅馬時期，海盜們也曾使用過的軍艦。這種船的側身有許多突出的槳，船內的空間構造分為上、中、下三段，因此也稱為「三列槳座戰船」。這種船全長約三十六公尺，船身寬約五公尺，可乘坐的槳手約一百七十名左右，在海上的航行時速約為十七公里。

三列槳座戰船

奇里乞亞海盜會綁架羅馬人，藉此來要求贖金

對應時代 ▷	古代	中世紀	大航海時代	近代

對應海域 ▷	大西洋	太平洋	印度洋

☠ 凱薩年輕時，也曾落入奇里乞亞海盜手上

古羅馬時代，從西元前七五三年持續到西元四七六年。在這一段時間裡，存在著一群敢和盛極一時的羅馬帝國對抗的海盜。不過這群海盜，其實原本只是一群為了保護自己的家園，使其不讓羅馬人染指的人們而已。在這群海盜中，以居住於地中海東部奇里乞亞（Cilicia）的海盜勢力最為龐大，他們甚至讓羅馬人不敢掉以輕心。

奇里乞亞海盜擁有一千艘以上的海盜船，在地中海上耀武揚威。他們會襲擊在北非的迦太基和亞歷山卓等地區，正在進行貿易活動的羅馬帝國運輸船。除此之外，還會對羅馬帝國境內的城市聚落發動攻擊。奇里乞亞海盜除了搜刮金銀財寶之外，還會綁架看似富有的羅馬公民，要求他們繳交贖金。若有羅馬公民付不出贖金，奇里乞亞海盜就會假惺惺地對他說：「您是身分高貴的羅馬人，請原諒我們

無禮的行為，為了表達歉意，我們決定立刻讓您重獲自由。」然後一把將人推入海裡。這種讓羅馬人先空歡喜一場，再使其葬身海底的作法，實在相當不人道。奇里乞亞海盜乘坐的船隻是槳帆船（請參考103頁），有時他們還會用安裝在船首處突起的「撞角」來衝撞對方，造成對方的船隻因為被撞出個窟窿而沉入海中。

根據歷史記載，古羅馬的英雄政治家蓋烏斯‧尤利烏斯‧凱撒（Gaius Iulius Caesar）在西元前七十五年，也曾落入奇里乞亞海盜的手中。直到交出贖金為止，凱撒被海盜拘禁達五個星期之久，但在重獲自由之後，他就對這群海盜進行了殘酷的報復行為。

從以上的內容應該可以了解，奇里乞亞海盜絕對是羅馬帝國欲去之而後快的眼中釘。而且羅馬政府也的確派遣了大型艦隊，不斷對其發起攻擊，直到完全消滅這群海盜為止。

奇里乞亞海盜

讓羅馬帝國也感到恐懼的海盜

反抗羅馬帝國的奇里乞亞人成為海盜之後，橫行於地中海一帶，還會去襲擊羅馬的商船。

古代、中世紀

大航海時代

近代

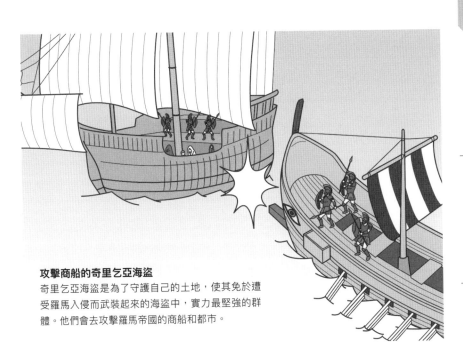

攻擊商船的奇里乞亞海盜
奇里乞亞海盜是為了守護自己的土地，使其免於遭受羅馬入侵而武裝起來的海盜中，實力最堅強的群體。他們會去攻擊羅馬帝國的商船和都市。

把羅馬人推入海中
遭到奇里乞亞海盜攻擊的商船中的羅馬人，若不願意支付贖金，就會毫不留情地遭到殺害。海盜們會先假惺惺地對羅馬人說：「我們把自由還給高貴的羅馬人！」然後在對方感到還有一線生機的時候，將人推入海中。

維京人頭上所戴的帶角頭盔，其實是後人的創作

對應時代 ▷	古代	中世紀	大航海時代	近代		對應海域 ▷	大西洋	太平洋	印度洋

☠ 不只能跨過大洋，還會溯溪而上，進行大肆劫掠的侵略者

西元八至十一世紀，有一群稱為「維京人」（Viking）的海盜集團在西歐沿岸大肆進行劫掠。因為北歐斯堪地那維亞半島的冬天，既漫長又寒冷，不適宜農耕。於是住在這裡的人們，一邊靠貿易活動維生，另一方面也乘著船出海，向外尋求移居之處。在北歐語言裡，Viking一詞就有「橫跨大洋去遠征」之意。

維京人的船隻，最多可以容納五十名身強體壯的男性。他們不只會去襲擊往來於沿岸的船隻，還會溯溪而上，把侵略的觸手延伸至內陸地區。部分維京海盜甚至會殺掉一整個城鎮或村莊的居民，然後在這片新占為己有的土地上，建立自己的家園。當中，基督教的教會和修道院，是維京人最喜歡攻擊的目標。因為這些地方，藏有許多高價的裝飾品和金銀財寶。

造船技術高超的維京人使用名為「維京長船」（Longship）的木造船。這種船隻擁有一張長方形的大帆，船上有十六至二十名槳手，負責操縱不同的船槳，來讓船航行。維京長船因為重量很輕，具有航行速度快又好操作的特色。而且因為船底很淺，所以幾乎可以在任何類型的海岸登陸。另外，維京長船上配置的「龍骨」（為了提升船隻的強度，從船首到船尾貫穿整艘船的支撐骨架），能讓船隻更耐得住海上的波濤，使維京長船能傲視其他在沿岸航行的船隻，做到遠洋航行。

維京長船的另一個特色是，船身上裝飾有龍的雕刻，另外在船緣處，也會擺上金、銀盾牌。像這樣充滿個性的船，通常會數十艘集結在一起，以大型船隊的方式來行動。

也許「具備了優異的航海技術，所以經常能在戰鬥中占上風」，可以用來解釋維京人之所以這麼強悍，而且能在相當長的一段時間裡，持續進行海盜活動的原因吧！

維京長船

不論是波濤海洋或平靜淺川，都難不倒維京船

因為維京船的船體非常堅固，所以可以在海洋上快速移動。

維京船

維京船是過去維京人所乘坐的大型木造船隻，因為這種船的船體非常堅固，所以能夠承受北海的巨浪。加上維京船的船體細長，船底又淺，因此就算是在淺海或河流等處，也能以極快的速度來航行。維京船靠船帆和人力划槳來移動，在船首處有龍頭造型的裝飾物為其特徵。

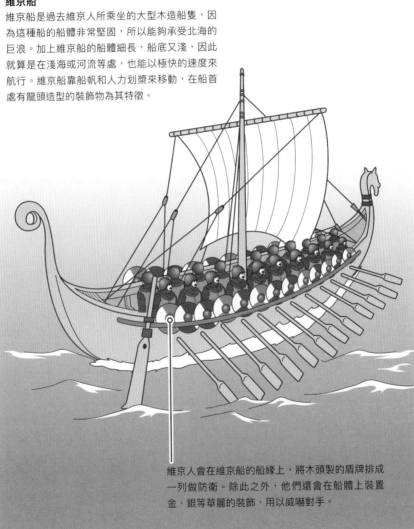

維京人會在維京船的船緣上，將木頭製的盾牌排成一列做防衛。除此之外，他們還會在船體上裝置金、銀等華麗的裝飾，用以威嚇對手。

維京人的戰鬥裝備堪稱「完美」

經常要參與戰鬥的維京人，擁有許多不同的武器和護具。當中，「劍」被視為是神聖的武器。

武器和防具

劍、斧頭、槍和弓箭是維京人最常使用的武器，護具則有鐵製的頭盔和穿在身上的鎖子甲。維京人的盾牌成圓形，中央處有一塊用來保護持盾那隻手的「鐵芯」。

弓箭

維京人的弓箭上裝有鐵製的箭頭，適合在遠距離的戰鬥中使用。

斧頭

維京人使用的斧頭，斧口很寬，而且後方突出的部位，還可用來絆住敵人手上的武器或對手，然後再痛揍對方一頓。

槍

維京人的槍有兩種，分別是投擲用和刺擊用。據說，維京人有一種絕技，是能抓住敵人扔過來的槍之後，再反向丟回去。

劍

劍對維京人來說是最為重要的武器。它除了是維京人主要的武器之外，還是可以由父親傳給兒子，代代繼承下來作為傳家寶的聖物。

海盜FILE

維京人其實不戴帶角的頭盔！？

雖然很多人都以為維京人頭上會戴著帶角的頭盔，但因為在遺跡中沒有找到這項出土物證，所以這個形象應該與史實不符。之所以會有許多人認為「維京人有頭戴帶角頭盔」的形象，很有可能源自於後世創作出來，流行於坊間的風情畫所致。

生活

只靠掠奪行為難以維持生計

維京人的海盜形象雖然強烈，但他們會在征服的土地上進行農耕，過著和平的生活。

維京人在平日也是農民

在沒有出海當海盜的日子，維京人也會經營農場，透過從事農耕、畜牧、製作衣物、當木工和打鐵維生。

維京人內分為三個階級

維京人中可分為族長、自由民（農民）和奴隸三個階級。這三個階級的人，得遵守相對應的嚴格規範，例如奴隸不被允許持有武器。

用船進行火葬

維京人會把船長等領袖人物的遺體，安置在船上再放火燒掉。維京人相信，亡者生前所喜愛的船隻，會帶著過世的人前往另一個美妙的世界。

頭髮掉色後變成「金髮」

維京男性因使用含有鹼性成分較多的肥皂來清洗身體，使原本為暗褐色的頭髮在掉色後變成金色。至於「為什麼要使用這種肥皂呢？」諸多假說中，有一種觀點認為，「因為這種肥皂能去除頭髮上的蟲。」

把基督教徒賣到奴隸市場的巴巴里海盜

對應時代 ▷	古代	**中世紀**	大航海時代	近代

對應海域 ▷	**大西洋**	太平洋	印度洋

會襲擊基督教徒船隻的巴巴里海盜，讓地中海航路陷入恐懼之中

耶路撒冷是猶太教、基督教和伊斯蘭教這三個宗教的聖地。這座城市從西元九世紀起，就落入伊斯蘭教勢力之下，所以基督教勢力才會想透過派遣十字軍的方式，來奪回耶路撒冷。從十一世紀興起的十字軍東征，造就了地中海貿易的興盛，也是在同一時期，居住於非洲巴巴里海岸的伊斯蘭教徒，便開始襲擊往返於這條航路上基督教徒的商船。至於這群伊斯蘭教徒被稱為「巴巴里海盜」，則是十六世紀以後的事了。這群冷血的海盜們，手上揮舞著以阿拉伯精湛金屬工藝所打造出來的刀劍，威嚇人們，使基督教徒陷入恐懼的深淵。

巴巴里海盜掠奪的目標除了金銀財寶之外，還包含了商船上的基督教徒。基督徒一旦成為俘虜，就會被剝去身上的衣物，成為槳帆船上負責划槳的奴隸。奴隸們分配到的食物少得可憐，每天還得工作十至十二小時。

有許多人受不了這樣的生活而死亡，但對海盜們來說，奴隸不過是消耗品罷了。更慘的是，奴隸只要稍微放鬆一下，就會遭受鞭打，然後再被一腳踹到海裡。若奴隸們死光了，海盜們就會去襲擊另一艘船隻，把抓到的俘虜拿來填補空缺。等到海盜船靠岸後，海盜們會放了能付得出贖金的奴隸，然後把剩下的奴隸賣掉。

當時的世界存在著「奴隸市場」，奴隸們會在奴隸市場中遭遇競標拍賣。拍賣方式是將奴隸們排成一列，然後示眾、行走，買家們就像觀察商品一樣觀察他們。

遭到攻擊的地區除了巴巴里海岸之外，地中海以外的冰島和愛爾蘭島的沿岸地區，也難逃蹂躪。儘管巴巴里海盜是許多人的夢魘，但巴巴里海盜中的奧魯奇（Oruç）和海雷丁（Hayreddin）兩位紅鬍子兄弟，卻在伊斯蘭世界享有英雄般的聲譽。紅鬍子兄弟曾多次擊敗西班牙的軍隊，幾乎掌控了地中海的制海權。也因為有這兩兄弟的活躍，使得鄂圖曼土耳其帝國的勢力達到頂峰。

巴巴里海盜

基督教徒被迫淪為海盜船上的槳手

巴巴里海盜會襲擊基督教徒的商船，並把抓到的人當作奴隸使喚。直到船靠岸為止，奴隸只能不斷地划船。

巴巴里海盜的槳帆船
巴巴里海盜會搭乘槳帆船，襲擊從義大利港出發的商船。巴巴里海盜的槳帆船比古希臘時期的槳帆船更便於航行，而且還裝設了大砲。等到海盜船靠近目標船隻之後，一百多名驍勇善戰的海盜們，會一起衝向對方的船隻。

把基督教徒當成奴隸
巴巴里海盜抓到基督教徒之後，會把他們當作奴隸來使喚，並脫下他們身上的衣服，強迫他們從事槳手的工作。許多奴隸因受不了嚴苛的對待而失去生命。

殘忍的刑罰
想要逃跑或反抗海盜的奴隸，結局就是得接受殘酷的處罰。這些奴隸經常會在經歷了削掉耳朵、被火燒或穿刺等責罰，伴隨巨大疼痛的折磨後死去。

111

名為Corsair的是與騎士團合作，來和巴巴里海盜對抗的海盜

對應時代 ▷	古代	中世紀	大航海時代	近代

對應海域 ▷	大西洋	太平洋	印度洋

☠ 宗教對立激烈，彼此都「以海盜之道，還治海盜之身」

聖約翰騎士團（Knights of St. John，或稱醫院騎士團）是一群以守護基督教聖地耶路撒冷，以及保護造訪此地之基督教徒的安全，而組織起來的騎士團。原本的騎士團以經營醫院和住宿設施為主要的目的，但到了十三世紀末，隨著伊斯蘭勢力的進逼，戰況變得愈加嚴峻後，聖約翰騎士團也開始轉變為帶有軍事色彩的組織。甚至到了十六世紀，騎士團把根據地轉移到馬爾他島後，竟然也招募起基督徒來從事海盜活動。這些受雇於聖約翰騎士團的海盜們稱為Corsair，他們以騎士團的名義，攻擊伊斯蘭教徒的船隻。Corsair這個名稱也有「私掠船」（獲允許攻擊敵對國家船隻的船）之意，這群海盜表面上會裝成海軍的模樣，來和巴巴里海盜對峙。

騎士團的海盜除了和巴巴里海盜作戰，還會襲擊伊斯蘭教徒的船隻，奪取船上的金銀財寶，然後把抓到的伊斯蘭教徒當作奴隸來使喚。被聖約翰騎士團買下的奴隸，會被抓去從事具有危險性的工作，至於騎士團海盜的奴隸，則會被強迫成為槳手。

騎士團海盜的槳帆船和伊斯蘭的海盜船很相似，差別在於前者有兩張大型的三角帆，而且槳的數量也較少。話雖如此，船隻的推進還是得依靠槳，而從事划槳工作的則是奴隸。據說騎士團海盜對伊斯蘭奴隸的壓榨程度，完全不亞於伊斯蘭海盜對待基督教徒奴隸的方式，手段甚至更加殘酷。船內讓槳手划槳的空間相當狹窄，在只有3公尺×1.2公尺的範圍裡，七名奴隸被綁在一塊兒幹活。當奴隸們持續划槳到身心俱疲，想稍微休息一下時，卻無法舒展身體好好睡個覺。

Corsair和聖約翰騎士團互相合作，發起對伊斯蘭教徒的攻擊。起初，當指揮權還掌握在騎士團手上時，他們的行為還稍微保留一點對神做奉獻的精神。但隨著時代越後、往下走，掠奪這類的海盜行徑，逐漸成為主要的目的。

<table>
<tr><td>騎士團的海盜</td></tr>
</table>

英文Corsair有私掠船之意

Corsair是受雇於聖約翰騎士團的海盜，他們會把伊斯蘭教徒抓來當作奴隸。

Corsair與聖約翰騎士團

基督教勢力的海盜Corsair身穿聖約翰騎士團的黑色鎧甲，和巴巴里海盜相互攻擊，水火不容。Corsair背後的靠山是以守護馬爾他島上的基督教徒為目的的聖約翰騎士團，他們對伊斯蘭勢力的船隻不斷進行劫掠。

Corsair的槳帆船

Corsair的槳帆船雖然和巴巴里海盜的槳帆船長得有點像，但與後者相比，前者的船身更加堅固，同時還配有大砲。

113

私掠者是行徑無法無天，卻擁有國家認證的海盜

對應時代 ▷	古代	中世紀	大航海時代	近代

對應海域 ▷	大西洋	太平洋	印度洋

☠ 肆無忌憚進行掠奪的海盜，竟然還能獲得「騎士」的稱號

進入十六世紀後，大西洋上出現名為「私掠者」（Privateer）的海盜。他們經過「國家認證」，其興起可以追溯到始於十五世紀中葉的大航海時代，伴隨著西班牙對美洲的開拓而躍上歷史舞台。當時，美洲還是一塊未經開發的大陸，金礦、銀礦和寶石等財富俯拾即是。西班牙就是看準了這一點，想要獨占整個從美洲大陸撈到的好處。

當然，看到西班牙的行為後，法國、英國和荷蘭等歐洲諸國絕對不會坐視不管。於是歐洲諸國發給海盜「私掠許可證」（Letter of Marque and Reprisal），允許他們去掠奪敵對國家的船隻，但作為交換的條件是，必須把到手的一部分財富上繳給政府才行。從此之後，各國的私掠者開始在海上作威作福。

按照規定，私掠者只得允許襲擊敵對勢力的船隻，但這項規定其實毫無約束力。私掠者進行劫掠的對象根本不分國籍，有過半的受害者壓根不是敵對勢力。初期的私掠者所使用的是只能乘坐四十至五十人的小型船隻，但到了一五八八年左右，就改為使用重達一百至三百噸的大型商船了。原因可能是：若搶奪了一整艘船，也得需要備有能夠駕駛船隻的人員才行。

英國的法蘭西斯·德雷克是著名的私掠者，他在進行全球航行等冒險的過程中，靠著劫掠取得了巨額的財富。德雷克甚至還因為向當時的英國女王伊莉莎白一世，獻上一筆足以還清王室債務的巨款，進而獲得了騎士的稱號（請參考16頁）。

從十六世紀到十八世紀，大西洋上有來自世界各國的私掠者，他們透過劫掠搶奪船上的財物和貨品。不過，有時這樣的劫掠行為也會升級為國與國之間的外交問題，甚至成為引發戰爭的導火線。由於私掠者背後有國家為其撐腰，因此可稱得上是一群最胡作非為的海盜了。

私掠者①

有國家認證的海盜還是海盜嗎？

有些國家為了獲得來自新大陸的金銀財寶，允許某些海盜向敵國的船隻發動攻擊。

向敵對國家的船隻發動攻擊的私掠者

襲擊西班牙船隻的法國私掠者不只對金礦、銀礦和寶石等東西感興趣，華麗的衣服和裝飾，也深受他們喜愛。據說，有的船上還載有活生生的美洲豹。

我有國家撐腰，你奈我何！

私掠許可證

私掠者手上，擁有可以向敵對國家的船隻發動攻擊的許可證。這張許可證可以透過非法的方式買到，而且擁有許可證的海盜可是連一般的商船也不放過。

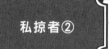
私掠者稱得上是國家的第二支海軍

初期的私掠者大多使用易於行動的小型船隻，這樣就能達到
迅速襲擊對方的目的。

私掠船
初期的私掠者因為沒有
贊助者，因此通常使用
小型的船隻。

這種船的船底較低，行
動上比西班牙的船隻敏
捷，航行速度也快。

把船停下來！

為成功
乾一杯……

在命令對方停船後，有時可以靠談判來勸降
私掠船的船長在發現有船隻往自己這邊移動之
後，會先用望遠鏡來確認對方船隻的國籍。然
後等兩邊近後，再用喊話器來傳達要對方把
船停下來的命令。有時，私掠者會用談判的方
式勸降對方，而不動用武力。

為行動成功乾杯
十八世紀時，私掠船的船長在出發之前，會舉
辦為行動成功祈福的乾杯儀式。有的酒杯上甚
至刻有「私掠者，為康瓦爾公爵的成功乾杯」
的文字。

法國、英國和荷蘭的私掠者

私掠者③

不同的國家，都會有以加勒比海為據點，去襲擊商船的私掠者。

和原住民做生意的法國
法國的私掠者，會和加勒比海小島上的原住民做交流，他們所從事的運送物資的貿易，受到原住民對他們的歡迎。

約翰·霍金斯

法蘭西斯·德雷克

海盜名人輩出的英國
在法國陷入內戰、國力衰退之時，英國的私掠者開始嶄露頭角，其中又以法蘭西斯·德雷克和約翰·霍金斯兩名船長最有名。

既和西班牙做生意又搞襲擊的荷蘭
繼英國之後，荷蘭的私掠者也把西班牙載滿財寶的船隻當成攻擊的目標。荷蘭人不但會在西班牙的占領地上從事菸草和珍珠的買賣，也會劫掠西班牙的商船，最後甚至引發兩國之間的戰爭。

海盜FILE

私掠者們襲擊過的地方

各國的私掠者，一般以美洲大陸沿岸地區為主要的活動地區。遭私掠者鎖定的船隻，通常是剛從維拉克斯（Veracruz）等港口駛出的「財寶船」。

法國

北美大陸

西班牙

維拉克斯

加勒比海

農布雷德迪奧斯
(Nombre de Dios)

南美大陸

財物寶物爭奪戰 ！
聚集在加勒比海上的海盜們

對應時代 ▷	古代	中世紀	大航海時代	近代

對應海域 ▷	大西洋	太平洋	印度洋

☠ 海盜們鎖定的目標是裝載於西班牙船上，來自新世界的財富

歐洲人把發現到的大陸或土地，稱為「新世界」。最早進入到美洲新世界的是西班牙人，之後他們開始往加勒比海沿岸地區移居，而且還從當地原住民的手中掠奪大量的財寶。由西班牙所控制，橫跨南、北美洲的這一塊區域，被稱為「西班牙領海」（Spanish Main），位於西印度群島附近。

十六至十八世紀之間，從「西班牙領海」輸出的金礦、銀礦、寶石、香料和木材等價格不斐的物品，數量多到難以計數。不過，當時可沒有所謂「做生意」這回事，這些東西全都是由西班牙人掠奪而來。過去美洲在墨西哥和秘魯兩地，分別存在過阿茲提克和印加等文明，但這些文明無不遭受到來自歐洲侵略者的無情摧毀。

西班牙人為了盡可能多帶些金礦、銀礦回國，便在自己的船內塞滿經過砸碎後重新鎔鑄的金條、銀條。於是從西班牙領海流出的驚人財富，引起了其他歐洲國家的側目。不久之後，由各個國家所認可的私掠者，開始襲擊裝滿金銀財寶的西班牙船（請參考114頁）。這件事讓海盜的行動更加活躍，許多對西班牙人的財富虎視眈眈的人，開始往加勒比海一帶聚集。

西班牙人會把從統治地區所掠奪到的財寶，裝在有兩百名船員搭乘的蓋倫帆船上，運回西班牙。西班牙的蓋倫帆船最多可搭載六十門大砲，船體雖然堅固，但因為航行得依靠風力，所以在敏捷度上略遜一籌。也因為如此，蓋倫帆船在面對體型小又敏捷的私掠船時，往往沒有優勢可言。同時西班牙為了與這些私掠者對抗，還派出了規模達一百艘的財寶船（蓋倫帆船）船隊，前往助陣。自從西班牙領海出現後，加勒比海周邊地區，很快的就淪為海盜們聚集的淵藪，而這也是加勒比海盜出現的原因。

西班牙領海

過去曾有一片由西班牙所控制的海域

在北美到南美洲之間，曾有一片名為「西班牙領海」，由西班牙所控制的海域。

西班牙的財寶船（蓋倫帆船）
西班牙人把從新世界掠奪而來的金銀財寶，裝在蓋倫帆船裡送回歐陸。蓋倫帆船上約有兩百名船員，可搭載六十門大砲，船身非常堅固。但是巨大的船體卻也讓它不夠敏捷，因此經常遭到私掠船攻擊。

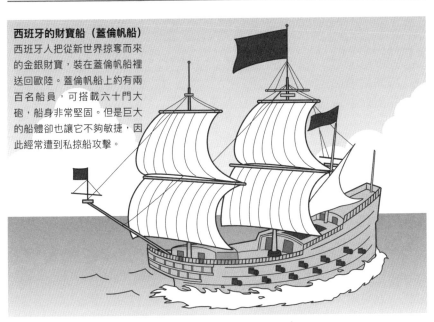

侵略中美、南美洲的國家
西班牙人侵略位於中美、南美洲，曾經盛極一時的阿茲提克和印加帝國。當時帝國的領導者雖然願意交出全部的財產作為贖金，但卻仍在交出財產後遭到西班牙人殺害。

爭奪金銀財寶
西班牙人把阿茲提克和印加帝國的財產與黃金，全部據為己有。為了把這些東西盡可能地帶回母國，西班牙人不惜把美麗的金製工藝品砸碎，或是將其重鑄。

能幹出拔活人的舌頭
這種殘忍至極事情的加勒比海盜

對應時代 ▷	古代	中世紀	大航海時代	近代

對應海域 ▷	大西洋	太平洋	印度洋

☠ 加勒比海盜作風殘酷，開膛破肚取出活人心臟的事也幹過

在十六至十八世紀這段期間，被稱為「西班牙領海」的加勒比海沿岸地區，不斷湧入各方的海盜勢力（請參考118頁）。從十七世紀中葉到十八世紀初，是海盜們橫行於此的「黃金時代」，而在這段期間的前半部，則是由「加勒比海盜」（Buccaneer）獨領風騷。

加勒比海盜原本是一群從歐洲移居到加勒比海上，伊斯帕尼奧拉島（Hispaniola）的海盜，成員包含了遭到流放至荒島的政治犯、宗教犯和逃亡的罪犯。由於他們的生活貧困，所以大多從事狩獵工作，然後把由獵物所製成的煙燻肉品，拿來和其他人交換生活物資過活。不過，在西班牙人開始統治加勒比海沿岸地區之後，他們就被驅逐出島外，有許多人甚至遭到西班牙人的殘酷對待。於是這群人開始集結起來，對西班牙人的船隻和城市發動攻擊。他們除了襲擊船隻、破壞城鎮裡的房屋之外，還會縱火並掠奪財物。在吸納了一批想要撈更大一票的成員入夥之後，加勒比海盜就誕生了。

在以殘暴著稱的加勒比海盜中，法蘭索瓦·羅羅內（François l'Olonnais）是個不得不提到的狠角色。據說他會用「五馬分屍」或「拔舌」等酷刑，來對待被拷問的人。另外，亨利·摩根則被認為是加勒比海盜中，最為窮凶惡極的代表。歷史記載他在一六七〇年時，率領四十艘海盜船，共兩千多名加勒比海盜襲擊了西班牙的殖民地巴拿馬，這起攻擊事件，幾乎讓巴拿馬成為廢墟。

英國和法國政府更授予加勒比海盜「私掠許可證」，准許他們「合法」襲擊西班牙船隻。然而到了十七世紀末，英、法兩國為了確保各自在加勒比海地區殖民地的權益，進而結束了與加勒比海盜的合作關係。就這樣，崛起於和西班牙軍隊作戰，在加勒比海上呼風喚雨的海盜，被歷史的洪流吞沒，迎來一個時代的結束。

在與西班牙軍隊戰鬥的過程中，成為海盜

西印度群島海盜

一般人腦海中對於海盜的形象，基本上來自於「加勒比海盜」，但在成為海盜之前，他們其實是一群獵人。

加勒比海盜的暴行

加勒比海盜在加勒比海和西班牙的軍隊屢次進行殊死戰鬥。除此之外，這群由罪犯等目無法紀的人所組成的海盜團體，也會不斷去攻擊船隻、掠奪城鎮裡值錢的東西、殺人，視人命如草芥。

英文Buccaneer一詞的語源

加勒比海盜們原本以製作煙燻牛肉、豬肉來維持生計。由於煙燻肉稱為Boucanier，因此日後便由此衍生出Buccaneer（加勒比海盜）一詞。

海盜FILE

法蘭索瓦・羅羅內

法蘭索瓦・羅羅內被認為是加勒比海盜中最為殘暴的男人。他在拷問俘虜時，會將活人給五馬分屍，甚至挖出某個人的心臟，然後將它塞到另一個人的嘴裡。

印度洋海盜「馬陸那」，在馬達加斯加島過著奢豪的生活

對應時代 ▷	古代	中世紀	大航海時代	近代

對應海域 ▷	大西洋	太平洋	印度洋

☠ 「馬陸那」以馬達加斯加島為據點，把東印度公司的船當作獵物

海盜們在失去了加勒比海這個巢穴之後，把印度洋當作下一個另起爐灶的地點。印度洋與大西洋、太平洋，並列為全球三大洋。

十七世紀末的印度洋海域，是蒙兀兒帝國（蒙古人後代，位於今天印度一帶的伊斯蘭國家）的財寶船和東印度公司的大型商船，往來航行的重要通道。東印度公司是十七世紀一家以經營亞洲貿易活動為主的「特許公司」（即得到國家許可而成立的公司）。從英國開始，荷蘭、丹麥和法國等歐洲諸國，先後都相繼成立該國的東印度公司。

為了襲擊印度洋上裝滿財寶的船隻，海盜們看中了位於非洲大陸東岸的馬達加斯加島，並以其作為據點。這座島吸引海盜的地方，除了西方人尚未染指之外，更在於其絕佳的地理位置。從歐洲出發的貿易船在經過好望角之後，會選擇以印度或中國為目標繼續航行。但無論選擇哪一條路線，都必須經過與馬達加斯加島距離方圓數百英哩的海域，而在這裡出沒的海盜就被稱為「馬陸那」（Marooners）。

海盜們盯上的獵物是東印度公司的船隻，這些船隻在往亞洲方向航行時，裝滿了金礦、銀礦。返回歐洲時，則換成了來自中國的美麗瓷器和絹布，以及香料等貨品。因為船上得有囤放上述這些東西的空間，所以一個巨大的船艙必不可少。除此之外，長期航行期間，船員們所需的糧食也得存放在裡面才行，於是龐大的船體便成為拖慢船速的原因，結果就是成為海盜們眼中的肥羊。

印度洋的海盜在當時可是幹得順風順水，甚至出現像是基德船長和亨利‧埃弗里那樣，為後世所知的海盜。在樂園馬達加斯加島上，海盜們用掠奪而來的金銀財寶，過著被財富包圍、大口喝酒的自由生活。

繼加勒比海後，印度洋的船隻也成為目標

馬陸那

西印度群島海盜被趕出加勒比海後逃到印度洋另起爐灶，被人稱為「馬陸那」。

東印度公司的船隻是遭鎖定的獵物

被趕出加勒比海的加勒比海盜，轉移陣地來到印度洋後成為「馬陸那」，在這裡重操舊業。打劫來往於歐洲和亞洲的東印度公司的貿易船，並掠奪船上的財物，成為他們主要的目標。

金銀財寶

來自中國的美麗瓷器、香料和昂貴的寶石等，都是海盜們搶來的寶物。從來往於印度洋的貿易船上能撈到的好處，可一點兒不輸給加勒比海呢！

馬達加斯加島是海盜的樂園

當時仍人跡罕至的馬達加斯加島，是海盜們的樂園，海盜們可以隨意迎娶島上的女性為妻，在坐擁金山銀山的情況下，過著奢侈的生活。

襲擊英國船隻的法國海盜，被法國人民視為英雄

對應時代 ▷	古代	中世紀	大航海時代	近代

對應海域 ▷	大西洋	太平洋	印度洋

☠ 因海盜而興起的法國港口城市「聖馬洛」

過去，歐洲大陸各國之間的戰爭頻仍，其中又以法、英兩國的敵對關係維持最久。在兩國關係不睦時，得到法國政府私掠許可證的「法國海盜」（Corsair，英語則為Privateer），會不斷對英國商船發起攻擊。

法國海盜所做的事情與一般海盜無異，但看在法國人眼裡，卻是愛國行為。而且經由劫掠英國船隻所獲得的財富，還可以用來充實法國政府的國庫，所以法國海盜在法國人眼中，簡直就是英雄的化身。

英、法兩國之間隔著英吉利海峽相望，法國這一邊面對海峽的是布列塔尼（Bretagne）地區，此地有一個名為「聖馬洛」（Saint-Malo）的城市。法國人也將這座城市稱為「海盜之鄉」，這裡是法國海盜的根據地，靠著劫掠而逐漸繁榮起來。

對生活在這座城市的人來說，海盜絕對是可以由父親交棒給兒子的行當。勒內‧迪蓋‧特魯安（René Duguay Trouin）就是出身於此，最為人所知的法國海盜，他在二十三年間，拿下了十六艘戰艦和三百三十艘商船。在迪蓋‧特魯安活躍的十七世紀末到十八世紀之後，過了一個世紀，此地又出了一個在印度洋上，以海盜活動而聞名於世的羅伯特‧修考夫（Robert Surcouf）。聖馬洛這座城市到底有多富裕，連法王路易十四都要向他們借錢來支付戰爭費用，從這點就能知道了。

敦克爾克（Dunkirk）是另一個能和聖馬洛媲美的海盜之鄉。橫行於英吉利海峽和北海一帶的讓‧巴爾（Jean Bart）就出身於此。敦克爾克自古以來就是一個兵家必爭的港口都市，卻直到十七世紀中葉後，才正式成為法國的領土。

「法國海盜」雖然是海盜，但他們的存在促進了城市的繁榮發展，受到法國人民的愛戴。而且直至十九世紀法國建立海軍為止，都維持著強大的實力。

法國海盜

靠海盜的戰利品發展起來的城市

活躍於十七世紀的法國海盜，用他們的戰利品促成港口都市的繁榮。

聖馬洛

法國海盜將聖馬洛這座港口城市作為據點。因為見證了由海盜所帶來的戰利品，促成了聖馬洛的繁榮，所以英國人也稱這座城市為「蜂巢」。

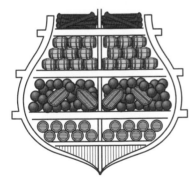

由英國策畫，最後以失敗告終的「聖馬洛爆破」行動

英國為了要毀掉聖馬洛這座城市，曾經計畫在一艘長二十六公尺的船內裝滿炸藥，想把船隻當作一個巨型炸彈來攻擊聖馬洛。預定執行計畫的那天晚上，裝滿炸藥的船原本都已經駛到離港口很近的地方了，但後來竟因觸礁而沉沒，結果火藥因受潮，連一隻貓也沒能解決掉，計畫也以失敗告終。

海盜FILE

聖馬洛的英雄勒內・迪蓋・特魯安

法國海盜中以迪蓋・特魯安最為家喻戶曉，他曾劫掠過三百艘商船，可謂「功勳彪炳」。因為聖馬洛的繁榮和他脫離不了關係，所以迪蓋・特魯安也被視為法國的英雄人物。

比海軍更可靠的美國私掠者

對應時代 ▷ | 古代 | 中世紀 | 大航海時代 | **近代**

對應海域 ▷ | **大西洋** | 太平洋 | 印度洋

☠ 海盜，曾是和英國作戰的美國海軍主力

太平洋海域的海盜史，可以追溯自打劫從西班牙殖民地駛出，以裝滿財寶的船隻為目標的英國私掠者，開始說起。到了十七世紀末，被趕出加勒比海域的加勒比海盜，只好暫時轉移陣地到太平洋興風作浪。至於被稱為「新世界」的南美、北美洲，則因受到歐洲列強的殖民政策影響，時不時受到來自海盜的威脅。

美國為了從英國獨立出來，進行過一場「獨立戰爭」（一七七五至一七八三年）。為了與海軍實力強大的英國對抗，美國找來私掠者為其助陣。在獨立戰爭中，投入戰鬥的美國海軍戰艦雖然只有三十四艘，但加入美國海軍麾下的私掠船數量，卻超過這個數字十三倍。約翰·保羅·瓊斯（John Paul Jones）是獨立戰爭中美軍的英雄人物，他也是一個私掠者。瓊斯透過襲擊英國本土的沿海地區，立下許多輝煌的戰果。

費城（Philadelphia）是獨立戰爭發生時，美國最大的港口都市，〈美國獨立宣言〉就是在這裡起草的，許多私掠船也從這裡出港。另外，擁有天然良港，以造船業著稱的巴爾的摩（Baltimore），在獨立戰爭初期則是私掠者們的另一個據點。戰爭初期的海盜船多由商船改造而來，但隨著時間推移，之後也有專門用來投入戰鬥的船隻逐一製造出來。

在這些私掠者之中，有些仍會暗地裡去襲擊來往於美國沿岸的商船和運輸船。這些私掠者雖然被允許從事私掠行為，但不論在什麼時代，海盜們畢竟還是海盜。例如就算是戰爭中守住新奧爾良（New Orleans）有功的尚·拉菲特（Jean Lafitte），也會對美國的船隻進行劫掠，甚至還從事奴隸貿易。

美國的私掠者是協助國家完成獨立，自外國勢力的控制中掙脫出來，實現通往自由之路上，不可或缺的戰力。而且美國在正式獨立之後，仍然找來私掠者來增強海軍實力。

美國的私掠者

在美國獨立戰爭中大放異彩的私掠者

英國把劫掠他們船隻的美國私掠者和美國海軍，都叫做「海盜」。

襲擊英國商船的美國私掠者

和英國作戰的美國海軍，向私掠者求援，借助他們的力量來襲擊英國的商船。因為此事，英國也把美國的海軍稱之為「海盜」。

掠奪品

私掠者會針對從非洲航向美洲的船隻下手，搶奪船上的象牙和砂金等值錢物品。

海盜FILE

一個被稱為海盜的軍人 約翰・保羅・瓊斯

瓊斯其實原本就是一位軍人，只是因為在戰場上對英軍毫不手軟，所以就從對手那兒得到了「海盜」的稱號。瓊斯在美國獨立戰爭中表現活躍，還曾擊敗過英國軍艦，使他成為美國人心中的英雄。

海盜第一次看到蒸汽船時，還誤以為是那艘船著火了

對應時代 ▷	古代	中世紀	大航海時代	近代

對應海域 ▷	大西洋	太平洋	印度洋

進入十九世紀後，世界各國開始對海盜進行討伐

就算手上握有「私掠許可證」，海盜骨子裡畢竟還是海盜。對於那些較晚才拿出殖民地政策的歐洲國家來說，海盜確實曾有過一定的幫助。然而隨著西班牙的國力逐漸衰退，歐洲列強逐步在全球各地爭奪殖民地之後，世界局勢發生了根本上的變化。此時海盜的存在，反而成為各個國家政府眼中，想除之而後快的要務。

一七二二年時，英國海軍和當時人盡皆知的大海盜巴索羅繆‧羅伯茲打了一仗，並取得最終勝利。羅伯茲死後，原本把他當成偶像崇拜的手下們在精神上受到極大的衝擊之後，逐一向海軍投降。在兩百四十六名投降的海盜中，有一百六十五人在法庭上受審，其中被判有罪的九十一人中，有五十二人最終以絞刑處死。這整起事件，可視為海盜黃金時代的終結。

曾經叱吒地中海，信仰伊斯蘭教的巴巴里海盜，在十八世紀末到十九世紀初的拿破崙戰爭期間，曾一度死灰復燃。但在戰爭結束後，歐美各國將巴巴里海盜視為是應該清除的對象，並發起持續性的軍事行動。分析行動背後的目的，可理解為是想壓制住巴巴里海盜對歐洲人的劫掠，以及他們把基督徒作為奴隸來販賣的行為。此外，在拿破崙戰爭期間，位於北非巴巴里地區的國家，原本還具有作為補給地的意義，但在戰爭結束後的承平時節，便喪失了存在的必要性。

一八五六年時，歐洲的主要國家簽署了禁止發行私掠許可證的〈巴黎宣言〉（Paris Declaration Respecting Maritime Law）。從此，就算是劫掠敵對國家的船隻，也會被視為海盜行為，遭到各國政府取締。雖然〈巴黎宣言〉通過之後，小規模的海盜劫掠事件仍時有所聞，但「蒸汽機」的問世，才是給了海盜們最沉重的一擊。英國和美國所打造的「蒸汽船」以蒸汽機為動力，不但航行時不用看風的臉色，在逆風的情況下也能高速行進。海盜船無論跑得有多快，終歸只是艘帆船，當海盜束手就擒，海盜的數量也就直線下降了。

海盜時代的結束

海盜船終究不是巨型軍艦的對手

巨型軍艦打得海盜船難以招架。長達五千年之久的海盜歷史，在科技進步的影響下，悄然落下帷幕。

英國海軍討伐海盜

進入十九世紀後，英國海軍派出巨型軍艦來對付海盜。因為軍艦的大砲威力遠在海盜船之上，所以海盜們只能敗下陣來或成為階下囚。

海盜遭到處刑

惡名昭彰的海盜船船長被逮並遭到處決之後，頭顱會被懸掛在軍艦上，藉此來起到殺雞儆猴的作用。

蒸汽船

以蒸汽機作為航行動力的軍艦問世之後，海軍要抓住行駛帆船的海盜簡直是易如反掌。據說，第一次看到蒸汽船的海盜，還以為是對方的船隻著火了呢！

129

無法無天的海盜
也會從事正規的商業行為

讓海盜們垂涎不已的「香料」

在十六至十八世紀這一段期間，海盜們除了在海上進行劫掠之外，也把目光投向香料貿易。香料可以做為藥品來使用，除了對胃腸和肝臟等器官有好處之外，還具有止瀉的作用，用途相當廣泛。香料不只對健康有益，時至今日更是我們烹飪時不可或缺的物品。對現代人來說，香料是一種很容易取得的東西，但在過去可不是這麼一回事。有時海盜們為了弄到香料，還得經歷兩年以上的航海才行。在航行的過程中，雖然有不少船隻都會遭遇海難，但就算如此，海盜們還是願意為獲得香料而賭上性命。因為具有藥品功效的香料對他們來說，不啻是能夠一攫千金的機會。

第五章

東方的海盜

歷史上出現在
日本和亞洲地區的海盜

過去在日本、中國和東南亞也有海盜出沒，尤其日本的沿海地區更是許多海盜們的聚集之處。進入中世紀以後，日本的海盜稱自己為「海賊」，開始活躍於歷史舞台上，他們是一群敢和當權者作對的海上的統治者。在這一章裡，讓我們隨著歷史的發展，來一探亞洲地區的海盜們的故事吧！

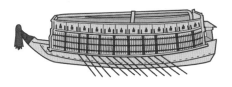

日本首次出現的海盜集團，竟是由貴族所組織起來的

東方的海盜 之一

| 對應時代 ▷ | 古代 | 中世紀 | 大航海時代 | 近代 |

| 對應海域 ▷ | 大西洋 | 太平洋 | 印度洋 |

集結對當局不滿的民眾，控制整片瀨戶內海域

最早出現在日本歷史上的海盜，曾經以瀨戶內海為活動中心，控制了西日本海上運輸這條大動脈。瀨戶內海上有許多商船，加上此處島嶼星羅棋布，相當易於海盜們躲藏。日本第一個把海盜組織化，有「祖師爺」之稱的藤原純友，就崛起於瀨戶內海。根據紀載，藤原純友麾下有一千艘以上的戰船，以及兩千五百名左右的海盜。

藤原純友出身於名門「藤原家」的本支，屬於貴族，但是他們家卻沒有因此而得到什麼好處，其父藤原良範也只是個地方官員而已。九三一年，藤原純友在經過親戚的斡旋之後，獲得到一個有許多海盜作亂的伊予國（愛媛縣）負責維持治安的工作。然而在結束任期之後，藤原純友卻沒有返回京都，因為他在取締海盜的過程中，逐漸被同化了，後來乾脆自己也下海成為海盜們的頭目。藤原純友一眾以愛媛縣的日振島為據點，在瀨戶內海上暢行無阻，構築起一個龐大的勢力。

在藤原純友的海盜集團裡，有不少成員是已經和漁民或當地民眾沒有兩樣的官吏。這群人因為生活貧困，而且對來自公家（在中央或在朝中任職的人）的壓榨心懷不滿，所以攻擊的對象多為政府的糧倉和運輸船。藤原純友所率領的海盜集團，和一般我們所認知的盜賊不太一樣，具有強烈的反朝廷色彩。這群海盜曾經攻占了淡路國（淡路島）和讚岐國（香川縣），甚至連位在筑前國（福岡縣）的主要行政機關「太宰府」，也曾遭受他們的襲擊。

就在藤原純友興風作浪時，關東地區也掀起平將門的武裝叛亂。據說在當時還流傳著「平將門和藤原純友在暗中互通有無」的傳言，並曾讓京都的朝廷惴惴不安。由於東、西方皆出現叛亂，讓朝廷感受到強烈的危機，因此正式派遣大軍到瀨戶內海，對海盜進行討伐。九四一年，藤原純友在博多灣一戰中敗給政府軍成為階下囚，隨後死於獄中。

日本海盜之祖

當過朝廷官員，最後卻窩裡反的海盜

藤原純友原是朝廷官員，日後卻成為海盜的首領，率眾頻繁襲擊政府的船隻。

日本

亞洲

瀨戶內海經常發生海盜劫掠的事件
平安時代中期，瀨戶內海是把金礦、銀礦和糧食等物資運送到各地的交通要道，但隨著會襲擊商船的海盜不斷增加，這片海域變得不再平靜。

討伐海盜
朝廷注意到海盜的危害之後，派遣「海賊追捕使」來執行討伐海盜的任務。執行該任務的地點，主要是以瀨戶內海為中心的西日本海域。

政府官員反成為海盜的頭目
藤原純友在討伐海盜的過程中，開始對朝廷的做法產生不滿，最後甚至自己下海當上了海盜的首領，反過來對抗朝廷。他把一千艘以上的船隻組織起來，襲擊對朝廷運送貢物的船隻。

給元軍們一點顏色瞧瞧！
從復仇之心中誕生的「前期倭寇」

對應時代 ▷	古代	中世紀	大航海時代	近代

對應海域 ▷	大西洋	太平洋	印度洋

日本的海盜在南北朝時期，與各方勢力皆有商業往來，具有商人的一面

在東亞地區出沒的海盜，以「倭寇」最為人所熟知。倭寇勢力龐大時，擁有船五百艘、海盜數千人，他們會去襲擊朝鮮半島和中國沿岸地區，對兩地的居民造成很大的威脅。

倭寇的出現元軍有著密切的關係。日本經歷過文永之役（一二七四年）和弘安之役（一二八一年），兩次來自蒙古軍隊的攻擊之後，受創程度頗深的對馬、壱崎和松浦地方（長崎縣）的名主和地頭等官吏，逐漸開始「海盜化」。他們為了向元軍進行報復，而不斷對朝鮮半島的高麗發動攻擊，也因此被稱作倭寇。之後倭寇的船隊勢力不斷膨脹，攻擊目標擴及到中國沿海地區的港口城市，也會把劫掠來的金銀財寶攜回日本國內。

當時的日本正處於「南北朝時代」（一三三六至一三九二年），戰事頻仍。各方勢力為了應付大筆的軍費支出，便競相與倭寇們進行交易活動。

在南朝和北朝相互進行激烈戰爭的背後，支撐雙方財力的，是一群沒有後台和權威撐腰的海盜組織。

由於內亂導致物資陷入嚴重不足的狀態，除了當權者之外，就連庶民們也得向倭寇購買日常物資。由此可知，與凶神惡煞的海盜相比，倭寇更像是能夠提供生活所需給當權者和一般民眾的貿易商。

另外，活躍於十四到十五世紀的倭寇，一般以「前期倭寇」稱之。與之相對的是，從十六世紀起才開始積極展開活動的「後期倭寇」。兩者的差異在於，後期倭寇的成員主要為中國人。當時的中國正處於限制民間貿易的明朝，明朝政府為了想獨占從貿易活動得到的利益，便推行了「海禁政策」。不過政策受到部分從事海上貿易的商人強烈反對，於是出現了海盜組織，在九州的西、北部進行祕密的貿易活動。之後，為了獲取更大的利益，也開始對中國大陸南部沿岸地區進行攻擊，掠奪當地的財物。

倭寇

襲擊朝鮮半島和中國沿海地區的前期倭寇

倭寇可分為前、後兩期。前期的成員主要為日本人，他們對朝鮮半島和中國沿海地區進行殘酷的攻擊。

危害沿海地區

倭寇會逼迫朝鮮半島和中國沿海地區的人民得和他們做生意，若對方拒絕，就會把民眾抓起來當成俘虜，或是攻擊城鎮，然後把搶奪到的財物送回日本，轉交到執政者或一般人手上。

在其他國家胡作非為

以瀨戶內海和北九州地區為據點的倭寇，一旦遇到糧食不足的時候，就會去侵略朝鮮半島和中國。他們時而在海上和明朝的官兵作戰，時而襲擊港口城市。

Column

倭寇裡的帥哥領導阿只拔都

帶領前期倭寇的主要人物，是一個當時年僅十五歲，長得眉清目秀的少年：阿只拔都。他曾率領五百艘戰船進攻高麗，但最後仍敗於高麗軍李成桂的手下。失去了領導人物的倭寇軍和高麗軍浴血奮戰，據說，河中的水被死者的血給染紅了，血色直到約一週之後才褪去。

東方的海盜
之三

維護瀬戶內海秩序的
日本最強海盜集團「村上海賊」

對應時代 ▷	古代	中世紀	大航海時代	近代

對應海域 ▷	大西洋	太平洋	印度洋

☠ 村上海賊不靠掠奪維生，而是以徵收「通行費」和「保護費」作為收入來源

在日本海盜的歷史中，有資格被稱為「最強海盜」的人，莫過於在戰國時代嶄露頭角的「村上武吉」了。

村上武吉是以伊予國（愛媛縣）能島為據點，在瀬戶內海活動的村上海賊的頭目。戰國時代造訪過日本的葡萄牙傳教士路易斯・佛洛伊斯（Luís Fróis）曾在他所著的《日本史》中，對村上海賊留下「他們是日本最大規模的海盜」、「除了巨大的城堡，海盜們的成員眾多，擁有許多領地和船隻」的文字記錄。由此可知，村上海賊的勢力之龐大，連來自海外的傳教士們也知道。

另外，村上武吉還是一名性格豪爽，作風宛如西方海盜的男子。據說他會把金鎖鍊戴在脖子上，一看到立功的部下，便當場扯下，送給部下以資表揚。

而且作為海盜頭子，由他所率領的村上海賊，還有著令人感到意外的一面。村上海賊並不會對船隻進行劫掠，而是改由對通過自己地盤（瀬戶內海）的船隻，根據其載重來收取相應的「通行費」（通行料），藉此做為獲得收入來源的手段。此外，已經繳交「保護費」（警固料）的船隻，村上海賊便會派自己人到船上，來確保這艘船安全航行到目的地為止。

在第一次木津川口戰役（一五七六年）時，村上海賊藉著與他們保持良好關係的毛利家海軍主力的身分，參與了和織田家的作戰。在這場戰役中，村上海賊率領七百艘戰船，運用「焙烙」這種像手擲汽油彈和火箭的武器，擊敗了織田水軍的三百艘戰船。織田水軍的船隻在化為一片火海之後，葬身水底，毛利方大獲全勝。

明治時代，在日本海海戰（對馬海戰）中擔任聯合艦隊司令的東鄉平八郎，曾令秋山真之以「丁字戰法」來擊破俄羅斯的波羅的海艦隊。據說，這種戰法是東鄉平八郎參考了村上海賊的戰術得來的。

村上海賊屬於「防守型」的海盜

村上海賊並非無惡不作，在他們旗下集結的海盜，其實維護著瀨戶內海的秩序。

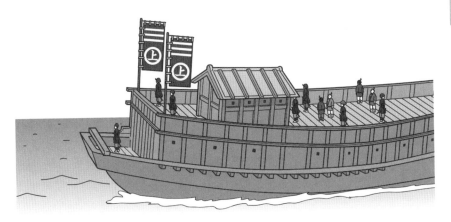

上乘

所有要通過瀨戶內海的商船，都必須繳交通行費給村上海賊。如果商船願意再多付些錢的話，還能接受「上乘」這種有村上海賊在船上保護航行安全的服務。

過所旗

支付過通行費的船隻，可以在船上豎起象徵村上海賊的「過所旗」。旗幟上的「上」這個字，具有很高的識別度。另外，在旗幟的右邊會寫上這面旗的接收者，左邊則會寫上日期，以及村上武吉的花押（一種簽名樣式）。

Column

日本海海戰中所使用的戰術竟參考自《舟戰以津抄》

《舟戰以津抄》是一本集結了村上海賊海戰戰術的密傳之書，該書中記錄了船隻的設計圖、陣行和武器等內容。在日俄戰爭時，日本海軍的參謀「秋山真之」，據說就是以本書中的戰術為藍本，來規劃日本海海戰的戰術。

日本的戰國時代，也有從海盜晉升為大名的人

☠ 除了村上海賊，還有織田家的九鬼水軍和德川家的小濱水軍

日本的海盜有時也會化身為水軍。因為海盜們也會去加入戰國大名（諸侯）的組織，在裡面起到海上的武力，亦即「水軍」的作用。日本的海盜會藉由和當權者保持緊密的關係，來維持自身組織的強大。

以村上海賊為例，首領村上武吉和戰國時代控制著中國地方（今日的鳥取、島根、岡山、廣島、山口五縣）的強權毛利家之間，就維持著密切的關係。一五七四年時，村上武吉加入以小早川隆景為中心的毛利家勢力中，成為毛利水軍的主要將領。

九鬼嘉隆是活躍於織田家的水軍將領，他原是伊勢國（三重縣）的武家出身，但在織田信長進攻伊勢時，選擇與信長合作。之後九鬼嘉隆成為織田水軍中的核心要角，甚至得到「海賊大名」這樣的稱號。織田信長過世之後，他加入豐臣秀吉的陣營，並在關原之戰中，投入由石田三成率領的西軍，但卻也隨著石田三成的戰敗，為了家族的存續，選擇以切腹的方式來獲得德川家康的原諒。九鬼家也確實因為嘉隆的犧牲，而得以保全。

小濱隆景原本也是伊勢國的海盜勢力，但他在織田信長入侵伊勢時，敗給了九鬼水軍。小濱隆景的勢力在被逐出伊勢灣後轉投武田信玄，成為武田陣中的海軍大將。接著在武田家滅亡之後，轉而為德川家康效力。

通常日本的海盜會找戰國大名來當靠山，以擴張活動範圍。在一般情況下，甚至會直接從屬於某個大名。另一方面，戰國大名們若沒有海盜相助，則不可能在海戰中取得勝利。不過，就在豐臣秀吉統一日本之後，隨即於一五八八年頒佈了「海賊禁止令」。至此之後，海盜們要不正式成為大名的部下，要不就解甲歸田當個農夫，而且之後統治日本的德川家康，依然延續前朝的政策。到了江戶時代初期，海盜基本上已經從日本的海域裡銷聲匿跡了。

海盜變「水軍」，為戰國武將效力

除了村上海賊之外，日本沿岸地區的海盜集團也會為各地的武將或大名效力，以水軍的身分參與戰爭。

日本

亞洲

海盜也會為戰國武士效力

進入戰國時代後，日本沿岸地區的海盜會被各地的大名或武將找來成為自己的私人武力，以水軍的方式活躍於戰場上。例如，投效織田家的「九鬼水軍」就是著名的例子。

參與海戰

日本戰國時代的武將們率領水軍相互征伐，戰國的霸主織田信長打造出不怕火箭攻擊又不易著火的鐵甲船，藉此來擊敗對手的水軍。

東方的海盜之五

「安宅船」是戰國時代，日本國內實際在戰場上出現過的最大型軍艦

對應時代 ▷	古代	中世紀	大航海時代	近代

對應海域 ▷	大西洋	太平洋	印度洋

☠ 既有可以搭載五百人的大型船隻，也有重視敏捷的小型船隻

日本的海盜相當重視「火」的運用，因為參加海戰的船隻都是木造船，所以稱為「火矢」的火箭，被視為極其重要的武器。使用火箭時，首先要在箭頭處塗油，接著在點火後將箭射向敵方，藉此造成敵船因燃燒而沉入海中。

戰國時代的村上海賊會使用一種漢字叫「焙烙」的武器。這種武器的製作方式為先在陶罐裡塞進火藥，然後接上導火線並點火，等敵方靠近時，再將其投擲到對方的船上。當兩軍短兵相接，焙烙可以直接用手投擲，但如果敵人距離自己較遠的時候，則可將它綁在繩子上，甩上幾圈後再投擲到敵人的所在之處，進行攻擊。

織田信長麾下的九鬼水軍，在領教過村上海賊的焙烙威力而敗下陣來之後，開發出一種名為「安宅船」的新型「鐵甲船」，作為抵抗這類武器的方式。

安宅船的長度約在三十至五十五公尺之間，是一種可以搭載五百人的大型軍船。船身覆蓋著薄薄的鐵板，所以能夠抵禦來自敵方攻擊，是一種不易起火燃燒的「鐵甲船」。除此之外，船上還裝載許多大砲和槍枝。九鬼水軍就是憑藉這種新式軍船，終於一雪前恥，擊敗對手。

除了安宅船之外，日本戰國時代的海盜還會使用「關船」和「小早船」兩種軍船。「關船」最大的特色是速度很快，這種船長約二十至三十公尺，可以搭載一百五十人。由於船身細長，船頭的形狀又很適合破浪，所以航行的速度很快，而有「早船」的別稱。關船在平常時會豎起位於船中央的帆柱，掛上船帆來航行。一但要戰鬥時，則改為以槳來做移動。

「小早船」是一種可以在海上快速移動，橫衝直撞的軍船。船身長約十到二十公尺，可以乘載五十人左右。小早船常用於接近對方船隻、發起戰鬥之時，所以船身上裝有防禦用的外板。另外，也適合用來從事偵查活動，拿來當作聯絡自己人時的工具。

軍船

戰國時代活躍於海戰的三種船隻

日本戰國時代有三種用於戰場上的軍船，其中又以「安宅船」的體型最為龐大。

日本

亞洲

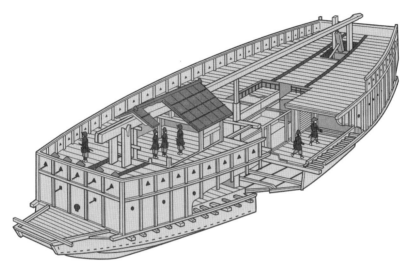

安宅船

安宅船是大名的水軍所使用的特大號軍船，全長約三十至五十五公尺，可以乘坐一百至五百名船員。安宅船上有可以用來做火繩槍射擊和射箭的槍眼和箭孔。另外，因為船身全體覆蓋著鐵板，所以防禦力很高。安宅船雖然靠帆和槳來航行，但在戰鬥時帆會被卸下來，用槳來移動。

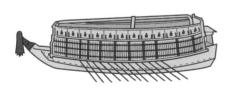

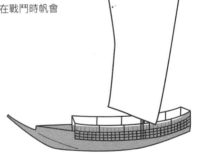

關船

關船是海盜們使用的大型軍船，船身細長，全長約二十至三十公尺。關船的機動性較安宅船佳，長且突出的船頭造型是它最大的特徵。

小早船

小早船是比關船更小一號的軍船，全長約十至二十公尺。小早船動作敏捷，可用於偵查、聯絡和近戰，在船身的左右兩側還裝有預防敵人攻擊的盾板。

武器

海盜會使用特殊的槍，把對手推入海中

除了火繩槍外，還有許多應用於海戰的武器，「火器」就能用來進行遠距攻擊。

火箭
漢字為「火矢」，歷史悠久，是一種在箭頭處抹油後再點火，然後射出去的弓箭。

焙烙火箭
焙烙火矢也稱為「棒火矢」，是一種把焙烙彈做成棒狀，用火繩槍射擊出去，類似火箭炮的武器。

焙烙彈
焙烙彈是在陶罐裡塞進火藥，然後於引線上點火後，扔到對方船隻上進行攻擊的武器。若敵人距離較遠，也可將它綁上繩子後再投擲出去。

船槍
這種槍在刀尖處有鐮刀狀的突起，可用於在勾住敵人的衣服或鎧甲後，將其推入海中。除了鐮刀形狀之外，還有其他不同的造型。

戰術

應用在海戰的多種戰術

海戰的戰術相當多元，戰船之間會制定暗號，依此組成不同的陣型來攻擊敵人。

鳴鐘提示

暗號的內容會事前先商量好，例如「鳴金三次，走為上策」。用於鳴金的鐘由鐵或銅所製成，可以敲出響亮的聲音。

移開盾板進入敵船

一旦登上敵方的船隻之後，要把部分盾板移開才能進到船內，所以要想靠近對方的船隻，船員需要具備高超的操船技術才行。

陣形

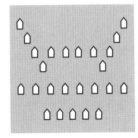

鶴翼陣

這是一種如鶴鳥展翼般的陣型，位於兩翼前端的船隻，會繞到敵方的側面進行攻擊。

關船

魚鱗陣

這是一種呈倒三角型，防禦能力較高的陣型，魚鱗陣在發動攻擊時，會專挑敵方守備薄弱之處下手。

安宅船

方圓陣

方圓陣的陣型成圓形，在每個方位都有配置船隻，這種陣型除了可以應付來自四面八方的攻擊之外，也能主動發起進攻。

中國大陸也是自古以來就有海盜出沒

東方的海盜 之六

對應時代 ▷	古代	中世紀	大航海時代	近代

對應海域 ▷	大西洋	太平洋	印度洋

☠ 從兩千多年前開始，東海上就已經出現海盜了

距今約兩千多年前起，中國的東海沿岸就出現不少海港城市，同時有為數眾多的商船航行於此。另外，由於此處海灣眾多，所以有很多能讓海盜藏身的地方，便於他們襲擊鎖定的船隻。海盜的成員中，有不少都是居住在這個區域的貧苦人家，為了得到生活所需的金錢和食物，他們才去攻擊進出港口的船隻。當然，也有些人是為了與官府對抗而加入海盜的。

寫威脅信給位於海邊附近的村莊，是海盜們的慣用伎倆，他們藉此來讓村裡的人心生恐懼，以收到「不戰而降人之兵」的效果。中國因為政爭頻仍，所以歷史上從不缺乏大名鼎鼎的海盜。

中國歷史上記載於史冊的第一名海盜，是活躍於西元一世紀末到二世紀初的張伯路。根據史書記載，張伯路會身穿皇帝的服飾，率領三千多名手下，劫掠中國的沿海地區。

三國時代，也出現過一名曾侵擾青州（山東）沿岸地區的管承。另外在唐朝時，馮若芳以海南島為據點，打劫波斯商船。還有在七四八年時，馮若芳曾經因為厚待過欲乘船前往日本，結果竟遭遇海難漂流到海南島的鑑真和尚，而被歷史記上一筆。到了元末時，從私鹽販子轉而成為海盜頭子的方國珍，也曾統領數千海盜嘍囉，割據一方。

時序進入到十六世紀尾聲，出身於廣東省的海盜林鳳，崛起於南中國海。林鳳曾在一五七四年時，並率領大型船隊進攻呂宋島，這件事被當時勢力已進入亞洲的西班牙人記錄下來。

從以上內容可知，中國大陸的沿岸地區，自古以來就是許多海盜活動的區域。直到二十世紀初為止，海盜依然存在於中國大陸上，他們一直是漫長的歷史中，人們所恐懼的對象。

中國古代，許多人為了活下去而成為海盜

中國沿海地區因為生活不易，自古以來就有許多人以當海盜維生。

日本

亞洲

貿易船　　　　　　　　　　　　　　　　　海盜

襲擊貿易船的海盜

中國大陸的東海沿岸地區有許多港口城市，因此有大量
的貿易船往來於此。為生活所苦的人們會投身為海盜，
藉由襲擊貿易船隻來獲得財物和食物。

Column

三國志裡的武將甘寧，原本也是海盜？

甘寧是三國時代吳國一名善戰的武將，他年輕時喜歡穿著招搖的
外褂，把鈴鐺掛在腰間，帶著自己的部下胡作非為。甘寧曾經當
過海盜，但與其說是海盜，稱其為「水上強盜」應該是比較正確的
說法。中國內部有許多河川和湖泊，甘寧活動的地方位在長江流
入東海的入海處。早在三國時代，中國已經出現了海盜、水盜和
湖盜，很多時候他們都被統稱為「海盜」。

把火繩槍帶進日本的是中國的海盜

對應時代 ▷	古代	中世紀	大航海時代	近代

對應海域 ▷	大西洋	太平洋	印度洋

☠ 曾經是中國走私貿易商人，後來成為海盜的後期倭寇

從十三世紀到十六世紀這段期間，在東亞海域上從事海盜行為的集團，稱為倭寇。其中，到十五世紀為止的倭寇，稱為「前期倭寇」；十六世紀以後的倭寇則稱為「後期倭寇」（請參考134頁）。前期倭寇主要以北九州和瀨戶內海為據點進行海盜行為，成員幾乎都是日本人。後期倭寇則從朝鮮半島跨到香港、澳門，大行走私貿易，成員中有七成以上是中國人。

王直是後期倭寇的核心要角，他原本是一位商人，在日本、呂宋和暹羅等地進行合法的貿易活動。但就在明朝政府欲獨占海外貿易的權利之後，王直開始率領海盜船，在中國沿岸地區進行劫掠。接著還以日本長崎的五島、平戶為據點，進行走私貿易。之後王直的事業越做越大，儼然成為東海和南海地區走私貿易的頭號人物。

根據史料記載，王直還曾擔任過日本人首次向葡萄牙人購買火繩槍時的貿易仲介。倭寇經手的商品內容多元，除了日本的銀礦、朝鮮半島和中國大陸的絹和瓷器外，還包括葡萄牙和西班牙的商品。要說倭寇手上有來自世界各地的奇珍異寶，可是一點也不為過。從另外一個角度來看，倭寇其實也扮演著東西文化交流的角色。

檢視後期倭寇之所以會興起的背景可以發現，主要可能和當時無論是中國的明朝，或是日本的室町幕府，都剛好處在力量衰退的階段有關。兩國的執政當局在處理國內問題上已不容易，當然無暇積極地去整治倭寇，於是倭寇就在這種情況下坐大了勢力。

後期倭寇除了進行走私貿易外，還會襲擊商船，掠奪船上的財貨。然而，隨著各國政府提高取締的力道，倭寇的勢力也隨即逐步萎縮。還有在貿易的限制解除之後，走私貿易的必要性，更喪失了存在的意義。後期倭寇就是在這樣的情況下，淡出歷史的舞台。

後期倭寇是靠走私貿易而發達的海盜

後期倭寇主要從事走私貿易和劫掠，其成員主要是中國人。

我也想買
火繩槍……

和大名們做生意

倭寇和日本的大名之間互通有無，彼此也有貿易上的往來。倭寇的頭目們透過把昂貴的火繩槍賣到日本，賺取高額的利潤。

走私貿易

自明朝政府採行「海禁政策」之後，無法自由做生意的商人們，開始轉做走私貿易。走私商人把生絲、絹和製作火繩槍的材料賣給日本，以獲取日本產出的銀礦。

Column

火繩槍傳到日本的種子島，竟然是倭寇的功勞？

葡萄牙人因漂流到種子島而把火繩槍帶進日本的故事，在日本可謂家喻戶曉。不過，當時葡萄牙人所乘坐的，其實是王直用來進行走私貿易的船隻。因此可以說，是王直把葡萄牙人的火繩槍傳進了日本。

147

在叢林裡神出鬼沒的東南亞海盜

對應時代 ▷	古代	中世紀	大航海時代	近代

對應海域 ▷	大西洋	太平洋	印度洋

☠ 身處叢林裡，如入無人之境的原住民海盜

東南亞海域上大小島嶼星羅棋布，貿易船隻頻繁往來，這樣的地理環境堪稱是最容易形成海盜的溫床。東南亞海盜的成員人種混雜，有中國人、穆斯林，甚至歐洲人。當然！人數最多的還是出身當地的海盜。會去侵擾婆羅洲（加里曼丹島）沿岸地區的達雅族人（Dayak）和馬來人聯手，組成一個令人生畏的海盜集團。另外，居住在菲律賓民答那峨島上的伊努蘭人（イヌラン人），也以海盜的身分而聞名於世。

由於日本出產的銀礦在送往歐洲的途中，船隻一定得經過東南亞，因此一直是當地海盜們所覬覦的對象。對海盜們來說，裝滿銀子的貿易船，實在是不可錯過的絕佳獵物。

東南亞海盜主要使用的是一種細長的船隻。這種船隻，大型的長度約為三十公尺，寬約三公尺。因為是用槳來移動，所以航行速度快。海盜們通常會先躲在島上的某個角落，等到獵物靠近自己的時候才突然現身進行偷襲，讓對方措手不及，防不勝防。

另外，由於東南亞海盜所使用的船隻，通常都是由藤蔓等植物來製作，不會使用到釘子這類工具，所以當他們遭到敵人追趕時，可以立刻把船「解體」，帶著船隻的各個部位，跑到叢林裡面避避風頭，等到危機過後再把船隻重新組裝起來。

東南亞海盜所使用的武器中，有些是極富特色的劍、刀和槍。例如「吹箭槍」就是其中一例。達雅族人會使用一種名為Sumpitan，能用嘴吹出毒箭來進行攻擊的吹箭槍。這種槍長約一百五十至一百八十公分，槍上還有一個用來狙擊敵人用的小圓圈，以及給予敵人最後一擊用的槍頭。

雖然東南亞的原住民海盜不像西方的海盜那樣，擁有大型的船隻和火繩槍等武器，但他們卻善於在叢林裡作戰，並沒有讓其他海盜專美於前。

東南亞的海盜

隱身於海島上，會偷襲目標的原住民海盜

東南亞各地有許多的島嶼和海灣，居住於此的原住民會躲藏起來，襲擊來往的歐洲商船。

日本

亞洲

達雅族人的船隻

東南亞原住民海盜使用的船隻，通常船身小又細長。這裡的海盜一般會潛伏在海島上的某處，等待過路的商船出現後再對其發動攻擊。當他們被敵人追擊時，則會拆解自己的船隻，然後將船的各部位帶回到叢林裡避風頭。

斬首刀

斬首刀（Campilan）是達雅族人用於砍下敵人腦袋的武器，刀身長約七十至一百一十公分。

菲律賓彎刀

菲律賓彎刀（Panabas或Tabas）是菲律賓諸島上的人民所使用的武器，這種刀是以向下劈砍的方式進行攻擊。另外，菲律賓彎刀最大的特徵為其彎曲的刃部。

吹箭槍

達雅族人使用的吹箭槍，在箭頭上會塗上毒藥。槍筒上的小圓圈可用來瞄準敵人，槍筒的前端則裝有槍頭。

連歐洲國家也不是對手的
中國最大海盜聯盟

對應時代 ▷	古代	中世紀	大航海時代	近代

對應海域 ▷	大西洋	太平洋	印度洋

☠ 中國最大規模的海盜集團，領導者竟然是個女人

中國最大規模的海盜集團是於一八〇五年，以鄭一（鄭乙）為首集結起來的海盜聯盟。這個海盜聯盟的組織頗具規模，控有三百艘以上的船隻，以及二至四萬名戰鬥員，而且還分為紅、黑、白、黃、綠、藍等六個海盜艦隊。除了中國船隻之外，他們還會襲擊歐洲和美國的船隻。

一八〇七年鄭一猝逝後，他的夫人「鄭一嫂」成為海盜聯盟的新領導者。鄭一嫂制定了許多嚴格的規定來管理部下，例如「不服從命令的人就處死」或「敢動提供我方糧食的村莊一根寒毛者就處死」。除此之外，鄭一嫂還頗具商業頭腦，她藉由把掠奪而來的東西以高價賣出的方式，成功獲得大筆的資金。

當然，就算是曾經不可一世的海盜聯盟，他們的好日子也不可能永遠持續下去。「鴉片」不只對當時的中國社會帶來巨大的衝擊，也是造成海盜聯盟走向衰敗的原因。隨著鴉片在中國蔓延，海盜船上也陸續出現了吸食鴉片成癮的人。究其原因，應該和海盜船上的生活條件嚴苛，而且因為船員過多，導致船上的糧食出現經常性不足的情況有關。海盜們得面對有上一頓沒下一頓的現實，在船上極度缺乏食物的時候，以蟑螂、老鼠來充飢的事情也不少見。正因情況嚴峻，所以有些成員會藉由吸食鴉片，來獲得一時的快樂。

海盜們不只吸食鴉片，還將其作為商品來買賣。不過，此舉算是踩到了以鴉片貿易大賺其財的英國人的紅線了。於是憤怒的英國向清朝嚴正抗議，要清政府拿出解決的對策。

清朝在接受了英國的抗議後，終於開始研擬整治海盜的計畫，最後討伐並勸降了海盜聯盟。曾經勢力龐大到令政府束手無策的海盜聯盟，在面對清政府和英國兩個重量級的對手夾擊後，最後也只能黯然退出歷史的舞台。

實力比海軍還要強大的中國海盜聯盟

海盜聯盟不只和清政府作對，還控制了中國的海域。統合這樣的組織，需要嚴格的規範。

日本

亞洲

海盜聯盟的艦隊

海盜聯盟裡依顏色分成紅旗、黑旗艦隊等不同的團體，每個艦隊都擁有七十艘以上的船。這些艦隊裡又以紅旗的實力最強，麾下有三百艘船和戰鬥員二至四萬人之眾。但是，海盜聯盟最後還是遭到中國海軍的鎮壓。

「成果報酬型」的經營模式

不管多不起眼的戰利品都是商品，監察員會對每個戰利品進行估價，然後把價格的百分之二十交給海盜，作為他們的報酬。販賣這些商品賺到的錢，是海盜用於組織營運的資金。

以嚴格的規範來管理海盜

要想管理好龐大的海盜聯盟，需要採取嚴刑峻罰才行。海盜聯盟中不允許個人我行我素，胡作非為。牴觸上級命令或破壞規矩的人，嚴重時還會丟掉性命。

難道連日本國內也有基德船長的寶藏？

「寶島」上至今仍流傳著不少與海盜有關的逸聞

　　據說，在日本鹿兒島縣的吐噶喇列島（Tokara Islands）裡，一座名為「寶島」的島嶼上，埋藏著基德船長的寶物。許多人在聽到這樣的傳言時，大概只會覺得荒誕不經吧！不過活躍於印度洋上的基德船長，要說從未來到過東亞，好像也說不過去。基德船長在海上航行時正值日本江戶時代的末期，寶島至今還留存著過去島上居民與英國海盜交戰的記錄，這個事件日後成為日本政府發布「異國船驅逐令」（異国船打払令）的發端。目前島上還設有一塊石碑，記錄了這件事情的始末。另外，寶島上除了找到有人嘗試挖掘金礦、銅礦的遺跡之外，據說還發現了逃到此地的平家人（指「源平之戰」後，被源氏擊敗而四處逃散到日本各地，從此過著隱居生活的平氏後代）所攜帶的鏡子。寶島上有寶藏這件事情，甚至在昭和十二年（一九三七年）時，被刊登於日本的報紙上，當時還引發許民眾來到島上尋寶。

名聞世界的海盜們

海盜總給人一種「航行於無垠的大海，做著一夕致富的美夢；不斷找尋獵物，進行劫掠行為」這樣的粗暴形象。但是在海盜的世界裡，有些人卻彷彿英雄般，讓後世傳頌著他們的事蹟。在這個章節裡，讓我們來看看十五名具有全球知名度的海盜，他們的經歷和小故事吧！

NO.01

奧魯奇‧巴巴羅薩

生卒年：不詳～一五一八年
出身地：希臘（有其他不同觀點）
活動地區：地中海

奧魯奇‧巴巴羅薩（Oruç Reis／Barbarossa）
是巴巴里海盜中最為人所知的人物。因為他連
教皇世儒略二世（Julius II）裝滿寶物的船隻都
敢搶，而一躍成名。奧魯奇雖然曾經幾乎控制
了整個阿爾及利亞，但他的統治卻遭到當
地民眾反對，而且還受到西班牙遠征軍
的攻擊。在面對一萬名敵軍進逼時，奧
魯奇原本可以選擇逃跑，但他卻因不忍
心拋棄部下，最後回到戰場上作戰直至
身亡。

人種不明，身世也成謎的男人
世人只知道奧魯奇‧巴巴羅薩有
一個名叫海雷丁的弟弟，除此之
外，有關他的身世，甚至連出生
年都不清楚。

NO.02

生卒年：一四八三～一五四六年
出身地：希臘（有不同觀點）
活動地區：地中海

海雷丁·巴巴羅薩（Hayreddin Barbarossa）
是奧魯奇·巴巴羅薩的親弟弟。他曾統治過阿
爾及利亞一帶，之後為了擊敗西班牙而和鄂圖
曼帝國締結同盟關係，正式成為鄂圖曼帝國
的海軍總督，並與西班牙和義大利等基督教國
家，展開一連串激烈的戰爭。

俄羅斯的源頭
雖然諾夫哥羅德公國比現在的俄羅
斯要小上許多，但俄羅斯的源頭卻
可追溯到這個國家。

NO.03

留里克

生卒年：八三〇年～八七九年
出身地：瑞典
活動地區：俄羅斯

留里克（Rurik）是維京人的領袖，在俄
羅斯的西北方一帶活動，是諾夫哥羅德公
國的建立者。由於當時俄羅斯西北方羅斯
人（Rus）部族之間的紛爭頻仍，需要有
一個能夠處理這個問題的人，於是留里克
就趁勢崛起成為國王了。

花甲之年，迎娶十八歲的美女為妻
海雷丁在他六十歲攻打南義大利
時，發現一位貌美如花的十八歲女
子，並與她結為連理。婚後，他旋
即金盆洗手，不當海盜了。

NO.04

克努特

生卒年：九九五年～一〇三五年
出身地：挪威
活動地區：英格蘭～斯堪地那維亞半島

克努特（Cnut／Cnut the Great）是有
「北海霸主」之稱的維京人首領，也是
丹麥國王斯文一世（Sweyn Forkbeard）
的兒子，經常對外發動戰爭。全盛時
期，克努特是丹麥、英格蘭和挪威三個
國家的國王。

棄而不捨的未婚夫

阿魯夫（Alf）是阿維爾達的未婚
夫，由於他無法忘記阿維爾達，於
是從陸地追到海上，最後終於如願
與阿維爾達結為連理。

克努特死後

克努特身兼三個國家的國王，在他
過世後，三個兒子因爭奪王位，導
致他所建立的大帝國走向崩壞。

NO.05

阿維爾達

生卒年：無詳細記錄（可能在五世紀中葉）
出身地：日德蘭半島（有不同觀點）
活動地區：北海和波羅的海（有不同觀點）

傳說，阿維爾達（Awilda）這位傳奇的女
海盜出生於王室家族，因為拒絕了雙親替
她安排的婚事而逃往海邊，恰巧在那裡遇
到一群失去了首領的海盜。之後，海盜們
因欣賞阿維爾達的美貌與勇氣，而推選她
為新的海盜船船長。

NO.06

基德船長
（原名：威廉·基德）

生卒年：一六四五年～一七〇一年
出身地：蘇格蘭
活動地區：印度洋

雖然「基德船長」（William Kidd）幾乎已經成為海盜的代名詞了，但實際上他卻很少參與海盜活動，甚至還被視為是捲入英國國內政治鬥的「極惡海盜」。遭到英國政府追捕的基德，在進入波士頓港口時遭到逮捕。他在被處以絞刑之前，曾留下「我在某地藏有大量的金銀財寶」這句遺言。基德被處死後，「基德船長的寶物仍埋藏在世界某處的地底下」這個傳說，至今仍為人所津津樂道。

基德的寶藏

傳說中，基德船長在世界各地都藏有寶物。時至今日，仍有許多人抱著一夕致富的美夢，在尋找基德所埋藏的寶物。

NO.07

亨利・摩根

生卒年：一六三五年～一六八八年
出身地：英國威爾斯
活動地區：加勒比海

摩根（Henry Morgan）擁有英國國王所授予的騎士稱號，他從海盜幹到了牙買加副總督，執行取締海盜的任務。但是當摩根再次重操舊業後，自己卻又成為被取締的對象。摩根在失去往昔的意氣風發後沉溺於杯中物，於五十三歲時過世。

長相和行動都令人不寒而慄

蒂奇被人視為是「惡魔」的化身。有一天，他突然無由來的拔槍射擊某個手下的膝蓋，然後說著：「不殺一個底下的嘍囉，恐怕沒有人會記得我！」

NO.08

愛德華・蒂奇

生卒年：一六八〇年～一七一八年
出身地：英國布里斯托爾
活動地區：加勒比海和大西洋

加勒比海最惡名昭彰的海盜

亨利・摩根擁有卓越的統馭和行動力，部下們對他是言聽計從，堪稱加勒比海最大尾的海盜，甚至還擊敗過西班牙的軍隊。但是，他對待敵人的方式極不人道，而且不分男女「一視同仁」。

愛德華・蒂奇（Edward Thatch）外表最大的特徵，是有如鬃毛般的黑髮，以及編織在一起的鬍子，他也以這種奇葩的裝扮和殘忍的行徑為世人所知。蒂奇最後死於英國對海盜發動的征討過程中，不過他實際從事海盜活動，其實僅十五個月而已。

NO.09

法蘭西斯・德雷克

生卒年：一五四三年～一五九六年
出身地：英國德文郡
活動地區：大西洋和太平洋

德雷克（Francis Drake）是第一位完成航行全球一周的英國人，也是實力最為強大的海盜頭子。他在成為英國海軍副司令官之後，率領英軍擊敗了西班牙的無敵艦隊。

在船上執行嚴格的規定

雖然羅伯茨曾制定像是「禁止飲酒過度」或「不能把少年和女人帶上船」等獨特的船上規矩，但在他過世前，部下們卻仍處在醉醺醺的狀態下。

女王陛下的專屬海盜

在執行全球航行的過程中，德雷克從西班牙船隻所掠奪到的金銀財寶，超過當時英國一整年的國家預算。德雷克把這筆財富獻給英國女王伊莉莎白一世，而女王也稱他為「我的海盜」。

NO.10

巴索羅繆・羅伯茨

生卒年：一六二八年～一七二二年
出身地：威爾斯
活動地區：加勒比海和大西洋

羅伯茨（Bartholomew Roberts）曾擔任過奴隸貿易船上的航海士，但他在成為海盜的俘虜之後，轉而加入海盜的行列，而且只經過短短六週，就當上了海盜船的船長。後來他遭到英國海軍的追擊，喉嚨還被子彈打穿。

NO.11

鄭一嫂

生卒年：十八世紀末～十九世紀初葉（有不同觀點）
出身地：中國廣州（有不同觀點）
活動地區：南海

鄭一嫂出身青樓，在與海盜首領鄭一結識後與他結為夫妻，並加入海盜的行列。鄭一是位頗具領導能力的海盜頭子，在他猝死之後，夫人鄭一嫂繼續領導這幫海盜集團。鄭一嫂藉由制定嚴格的規定，來管理這群海上的無法之徒，她所率領的海盜集團勢力強大，曾周旋於清政府、英國與葡萄牙之間。

鄭一嫂制定的規矩
除了以「殺無赦」來處理不服從規定的海盜成員之外，鄭一嫂透過制定許多細項的規矩，來維持海盜集團的秩序。

藤原純友

生卒年：八九三年～九四一年
出身地：伊予國
活動地區：瀨戶內海日振島

藤原純友曾在伊予國執行取締海盜的任務，但在任期結束之後，自己卻從官軍變成了海盜。藤原純友在劫掠了地方政府和朝廷的運輸船之後，變成中央討伐的對象。在雙方經過激烈的攻防戰之後，藤原純友遭到朝廷逮捕。

村上武吉曾經擊敗過織田信長

村上武吉曾在一五七六年的石山本願寺戰役中，痛擊織田家的水軍。日後，信長麾下的九鬼水軍擊敗了村上海賊，讓織田家掌控住了瀨戶內海的制海權。

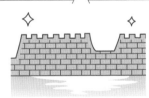

藤原純友的手腕

藤原純友在日振島和瀨戶內海的要衝之地，皆築有軍事堡壘，他所支配的海域全長達五百公里。由於當時的船隻體積較小，因此能做到這種程度，需要有相當的組織能力才行辦到。

NO.13

村上武吉

生卒年：一五五三年～一六〇四年
出身地：能登地區
活動地區：瀨戶內海

村上武吉是控制瀨戶內海的村上海賊的首領。當瀨戶內海的制海權移轉到織田家之後，他雖然繼續以能島作為自己的根據地，但之後卻隨著豐臣秀吉發布的「海賊停止令」，村上海賊也從歷史舞台上退了下來。

NO.14

九鬼嘉隆

生卒年：一五四二年～一六〇〇年
出身地：志摩國
活動地區：瀨戶內海和東海

九鬼嘉隆是志摩國的武家，九鬼家的第八代當主，擁有「海賊大名」這個獨特的稱號。九鬼嘉隆在織田家的勢力進入伊勢國時，開始與織田信長保持合作關係，日後正式成為織田家的家臣。

鶴姬的悲劇

鶴姬的情人越智安成，在與大內家的戰爭中不幸身亡。雖然她為了替越智報仇，發動夜襲擊敗了大內軍，但之後卻以妙齡十八歲的年紀選擇投海殉情。

幫助秀吉統一日本

信長死後，九鬼嘉隆成為豐臣家陣中的水軍大將，為豐臣秀吉統一日本的事業盡心盡力。在江戶時代的軍事小說中，人們稱九鬼嘉隆是「海賊大名」，讓他廣為人知。

NO.15

鶴姬

生卒年：一五二六年（有不同觀點）～
　　　　一五四三年
出身地：大三島
活動地區：瀨戶內海

鶴姬出身於大山祇神社神官家，被後人稱之為瀨戶內海的「聖女貞德」。據說，鶴姬在與大內家長期作戰的過程中，有時會假扮成遊女藉以暗殺敵方的將領，偶爾還會手持大薙刀，親自到陣前指揮。

時至今日世人仍感受到夢想與浪漫情懷

形象經過美化後，
海盜文化朝高等層次提升

　　儘管海盜的人數隨著時代的變遷而逐漸減少，但到了近代，他們的故事卻開始重新受到世人矚目。海盜雖然胡作非為，卻也是一群追逐夢想的「浪漫主義者」。正因如此，海盜經常會成為藝術作品創作的原型。這一章，就讓我們來看看，海盜在文化層面上，扮演著什麼樣的角色吧！

以海洋為舞台的冒險、金銀財寶、　戰鬥⋯⋯

大海的浪漫情懷，令許多人難以抗拒

　　隨著世界各國紛紛建制海軍之後，海盜的活動受到壓制，人們很快地也忘掉了海盜的存在。但透過作家們的生花妙筆，海盜的形象從盜賊變成惡棍，然後又搖身一變成為英雄。以海盜為主題的創作，也如雨後春筍般出現在世人面前。在這些文藝作品中，雖然有些會把海盜的行為描寫得極為駭人，讓讀者看了直打哆嗦，但也有一些作品充滿了浪漫情懷。

　　世界名著《彼得潘》（Peter Pan）裡出現的虎克船長（Captain Hook），為海盜的恐怖形象樹立了經典樣貌。在這部以魔法之島和海盜船為主題的小說中，講述了少年打敗了海盜的故事，深受眾多讀者喜愛。

「披頭四」也是海盜嗎 !?

源於英國海盜文化的龐克搖滾(Punk Rock)

　　英國的利物浦（Liverpool）是一個和海盜頗有淵源的港口。從利物浦發跡的搖滾樂團「披頭四」（The Beatles）活躍於上世紀七〇年代，該樂團作為新音樂和青年文化的先驅，在全球襲捲了無數粉絲。披頭四的發跡，也讓利物浦港聚集了來自世界各地的人們，在這裡可以聽到來自全球不同地區的音樂。不少在這種環境下成長，並受到披頭四影響的搖滾歌手，跟隨披頭四的腳步躍上歌壇。另一方面，沒能走紅的無名搖滾歌手被稱為「龐克」，他們仍繼續創作前衛、激進的音樂。不論是好是壞，一九七〇年代的英國搖滾歌手，對許多人帶來了很大的影響，彷彿就像過去的海盜文化一樣。

留名電影史上的「大逆轉」!?

票房收入超過十億美元的海盜電影

　　由於歷史上曾經出現過製作費用高達一億日圓的海盜電影，但票房最後卻以極為慘澹的狀況坐收，甚至還被金氏世界記錄認證是「最賠錢電影」的例子。因此，過去在電影從業人員之間，一直存在著「海盜電影絕對不會賣座」這樣的業內默契。所以這部號稱要「重新點燃海盜風潮」的電影《神鬼奇航》，在上映之前，沒有人看好它會如此成功。但如今我們都知道，以寶物和詛咒為主題的《神鬼奇航》風靡了全球。這部電影中的海盜角色個性鮮明，故事爽快流暢，讓許多人看得是如癡如醉。《神鬼奇航》絕對可以稱得上是改變了海盜電影歷史的傑作。

經過金氏記錄認證

海盜漫畫中的王者，已經確立了！

　　日本最具代表性的漫畫《ONE　PIECE航海王》（尾田榮一郎），是一部目前全球總計已經銷售了四億八千多萬冊的超級暢銷作品。該作品在二〇一四年時因全球發行達三億二千萬冊，而獲得金氏世界記錄認證為全球最暢銷的漫畫。《ONE PIECE航海王》中的登場角色，每個人都很有個性，故事中有許多情節，經常讓讀者們看得熱淚盈眶。日本除了《ONE　PIECE航海王》之外，還有許多以海盜為主題的著名文學創作，例如《村上海賊的女兒》（和田龍）就是一例。此外，日本也有以南北朝至室町時代著名的海盜為主題的文藝作品。「海盜文化」會隨著時代的變遷做出調整，直到今天仍生機蓬勃。

海盜史年表

時代	年	歷史事件
西元前	西元前十三世紀	有「海上民族」之稱的黎凡特在各地打劫。
	西元前十二世紀左右	腓尼基人開始從事海上貿易和海盜活動。 之後希臘人也開始從事海上貿易和海盜活動。
	西元前十一世紀中葉	希臘的城邦聯盟和特洛伊王國之間爆發特洛伊之戰。 奧德修斯（Odysseus）踏上從特洛伊返家的十年漫漫旅程。
	西元前一一八四年	特洛伊戰爭結束，特洛伊滅亡。
	西元前五六〇年左右	希臘的海盜在地中海的活動日益猖獗。
	西元前五〇〇年	因愛奧尼亞殖民地發生暴亂，波斯的阿契美尼德帝國發動對希臘的進攻，波希戰爭由此爆發。
	西元前四八〇年	希臘艦隊和波斯艦隊進行薩拉米斯海戰（Battle of Salamis），阿契美尼德帝國的戰士兼女性指揮官雅特米希亞（Artemisia）在這場戰役中表現得相當活躍。
	西元前三三〇年	亞歷山大大帝鎮壓地中海的猖獗的海盜。
	西元前一四〇年左右	奇里乞亞海盜開始活動。
	西元前八一年	凱薩落入海盜手中。
	西元前六七年	龐貝（Pompeius）討伐活躍於地中海的奇里乞亞海盜。
古代	六〇年	羅馬人嘗試鎮壓地中海的海盜。
	三五〇年	波斯人欲一掃波斯灣的海盜。
	四七六年	西羅馬帝國滅亡，東地中海的海盜活動日益蓬勃。
	五世紀左右	女海盜阿維爾達在波羅的海活動。
中世紀	七八九年	維京人開始侵略歐洲大陸，進攻不列顛島沿岸。
	八～十一世紀左右	從歐洲各地到冰島、格陵蘭島以及北美大陸北端，都遭到維京人的入侵。
	八六二年	瑞典的維京首領留里克，建立了俄羅斯最初的國家「諾夫哥羅德公國」。
	九一一年	丹麥的維京首領羅洛（Rollo）建立了諾曼第公國。
	九三〇年	藤原純友開始在瀨戶內海進行海盜活動。
	一〇二八年	挪威的維京領袖克努特身兼英格蘭、丹麥和挪威三個國家的國王，建立起龐大的海洋帝國。
	一二八一年	元朝皇帝忽必烈，計畫消滅中國的海盜。

※ 時代的區分以西洋史為基準。

中世紀	一三九九年	英格蘭的私掠者活動開始活躍起來。
	十四～十五世紀	前期倭寇在亞洲興起。 村上海賊活躍於瀨戶內海。
大航海時代	一五〇四年	奧魯奇・巴巴羅薩攻擊教皇尤里烏斯二世的船隻。
	一五一八年	奧魯奇・巴巴羅薩在與西班牙的交戰中戰死。
	一五一九年	海雷丁・巴巴羅薩成為阿爾及利亞總督。
	一五二二年	法國於大西洋的私掠活動日益蓬勃。 約翰・霍金斯從非洲航行至加勒比海。
	一五三四年	奧魯奇・巴巴羅薩的弟弟海雷丁・巴巴羅薩占領突尼斯。
	一五三八年	由海雷丁指揮的鄂圖曼海軍和西班牙海軍之間爆發普雷韋扎海戰（Battle of Preveza）。
	一五四三年	鶴姬雖然在大內義隆與三島水軍的戰爭中屢立軍功，但卻在這場戰爭結束後，選擇追隨戰死的情人，殉死。
	一五五五年	嚴島之戰中，毛利元就憑藉著村上武吉的幫助，取得最終的勝利。
	一五六二年	格蕾絲・奧馬利（Grace O'Malley）開始在愛爾蘭西部沿岸活動。 西班牙海軍和由霍金斯領導的私掠船隻間發生衝突，演變為聖胡安德烏盧（San Juan de Ulúa）事件。
	一五六八年	鄂圖曼帝國海軍和教皇、西班牙、威尼斯聯合海軍爆發勒班陀海戰（Battle of Lepanto）。
	一五七一年	法蘭西斯·德雷克攻擊諾姆佈雷德奧斯港（Nombre de Dios）。
	一五七六年	織田水軍和毛利水軍爆發第一次木津川口之戰，織田水軍大敗。
	一五七七年	法蘭西斯·德雷克開始環球航行。
	一五七八年	第二次木津川口之戰。織田信長麾下的九鬼嘉隆擊敗毛利水軍。
	一五八〇年	法蘭西斯·德雷克完成環球航行。
	一五八八年	格瑞福蘭海戰（Battle of Gravelines）中，英格蘭海軍擊敗了西班牙的無敵艦隊。
	一五九〇年	霍金斯對弗羅比舍爾灣（Frobisher Bay）和亞速爾群島（Açores）的攻擊以失敗告終。 德雷克與霍金斯進行最後一次的西印度群島航海。
	一五九二年	文祿之戰時，豐臣秀吉因明朝的冊封國朝鮮不願聽命於他，便率大軍進攻朝鮮。
	一五九五年	八十多艘法國船隻遭到巴巴里海盜攻擊。
	一五九七年	雖然文祿之戰經過折衝樽俎後暫時休兵，但隨著和談破裂，又再次爆發軍事衝突。暫時休兵後再發生的這場戰爭，稱為慶長之戰。
	十六世紀	後期倭寇的活動開始勃興。

一六〇三年	伊莉莎白一世過世。
一六三〇年	加勒比海盜以加勒比海上的托爾蒂島（Tortuga）為據點。 英格蘭制定出航海法。
一六五〇年	英格蘭人找來加勒比海盜對付西班牙人。 羅切・巴西諾（Roche Braziliano）襲擊從墨西哥出港，裝滿金銀財寶的蓋倫帆船。
一六五一年	法蘭索瓦・羅羅內計畫鎮壓馬拉卡波（Maracaibo）。
一六六〇年左右	羅羅內殘忍的行徑，令南美洲東北部沿岸地區為之震驚。
一六六六年	加勒比海盜頭子愛德華・曼斯維爾特（Edward Mansvelt）過世。 亨利・摩根成為他的繼承人。
一六六八年	亨利・摩根對古巴和馬拉卡波發動攻擊。
一六七〇年	亨利・摩根占領巴拿馬。
一六七四年	亨利・摩根就任牙買加副總督。
一六七八年	喬治・埃斯克梅林（John Esquemeling）在荷蘭出版《美洲的海盜》（De Americaensche Zee-Roovers），一時洛陽紙貴。
一六七九年	威廉・丹皮爾開始第一次全球航行。
一六八〇年	英格蘭和法國的海盜在十年之間，於加利福尼亞到北非的沿岸地區，燒殺擄掠。
一六八九年	威廉・基德成為英國在加勒比海的劫掠者。
一六九一年	威廉・丹皮爾完成第一次全球航行。
一六九二年	亨利・摩根的根據地，牙買加的皇家港發生大地震，城市有一大部分遭到海嘯襲擊。
一六九四年	法國欲占領牙買加，最後功敗垂成。
一六九五年	亨利・埃弗里在紅海附近劫掠了蒙兀兒帝國的財寶船。
一六九七年	原本是私掠船船長的法國海軍軍官讓・巴爾，幫助法國在與荷蘭鏖戰長達九年的海戰中，取得最終的勝利。
一六九九年	威廉・丹皮爾開始第二次全球航行。 英格蘭議會通過「海盜取締令」。
一七〇〇年	在接下來的二十六年裡，有不少海盜相繼被逮捕處刑。
一七〇一年	威廉・基德在倫敦被處絞刑。
一七〇四年	亞歷山大・塞爾科克在南美智利外海遭遇海難漂流到無人荒島上。
一七〇七年	威廉・丹皮爾完成第二次全球航行。
一七〇八年	丹皮爾開始投入第三次環球航行。

	一七〇九年	塞爾科克（Selkirk）一個人在孤島上生活了四年後，終於被羅傑斯的私掠船搭救出來。
	一七一一年	丹皮爾完成第三次全球航行。
	一七一八年	「黑鬍子」愛德華・蒂奇死於北卡羅來納的奧克拉科克灣（Ocracoke Inlet）。 伍茲・羅傑斯以總督的身分來到巴拿馬諸島，發布對海盜的特赦令。
	一七一九年	巴索羅繆・羅伯茨開始進行海盜活動。
	一七二〇年	安妮・邦妮和瑪麗・里德遭到逮捕，安妮的丈夫傑克遭到處決。 愛德華・英格蘭（Edward England）襲擊東印度公司的卡珊卓（Cassandra）號。
	一七二一年	瑪麗・里德死於獄中。
	一七二二年	巴索羅繆・羅伯茨死於英國海軍軍艦的攻擊，羅伯茨的五十二名部下遭判處死刑。
	一七二三年	喬治・洛瑟（George Lowther）遭到老鷹號攻擊後自殺。
	一七二四年	喬治・洛瑟的十七名部下在加勒比海遭到處決。
近代	一七七五年	約翰・保羅・瓊斯在美國獨立戰爭中立下彪炳功勳，成為美國國民心中的英雄。
	一七七六年	七月〈美國獨立宣言〉獲得批准。
	一七七九年	美洲殖民地的海盜攻擊英國船隻。
	一八〇七年	中國海盜鄭一嫂成為海盜聯盟的領導者。
	一八一二年	海盜尚・拉菲特成為美國私掠船的船長。
	一八四九年	英國海軍艦隊擊敗中國的海盜聯盟。
	一八五六年	英國、法國和俄羅斯廢止私掠行為。
現代	一九九〇年左右	從南海到麻六甲海峽之間，發生多起海盜事件。
	一九九九年	從印尼出發，朝日本航行的巴拿馬籍貨物船「亞龍卓彩虹號」在遭到海盜攻擊後，音訊全無。
	二〇〇〇年	世界各地發生的海盜事件達四百六十九件之多。
	二〇〇一年	自九月十一日美國發生了「九一一攻擊事件」後，海盜和恐怖分子攜手，在海上發起恐攻。
	二〇〇二年	法國籍的液貨船「林堡號」遭到伊斯蘭激進組織以小型船隻衝撞的方式，進行自殺式恐怖攻擊。
	二〇〇五年	日本的拖船「韋馱天」號遭到印尼海盜攻擊，包含船長在內的三名船員雖然遭到綁架，但最後皆在沒有受傷的情況下獲釋。

海盜的魅力，來自步下
歷史舞台的哀愁感

　　大航海時代的海盜們，不顧身家性命安全，為了追求自由與財富，航向廣闊的海洋。也是在這一時期，歐洲各國開始授與海盜「私掠許可證」，讓他們能在大洋上為所欲為。

　　然而，當各國政府開始經營殖民地之後，為了攫取更多的財富，此時的海盜反而成為他們眼中欲除之而後快的對象。

　　儘管海盜在歐洲霸權主義興起之後，走向衰亡，成為被時代巨浪所吞噬的一群悲劇性人物，但這反倒成為他們魅力的源頭。

　　豐臣秀吉頒布了「海賊停止令」之後，日本的海盜也算正式走下了歷史的舞台。這種伴隨著結束時代使命和任務的哀愁感，就像在為海盜的故事畫下休止符。

不過我們不應該忘記，海盜們其實在「改頭換面」之後，依然活躍於現代世界。例如出沒於索馬利亞和麻六甲的海盜勢力，至今仍對人類社會造成威脅。事實上，連日本籍的船隻，也都是他們鎖定的作案目標。

　　「海盜」絕不只存在於遙遠過去的傳說故事裡。今天，當我們回過頭，重新回顧海盜的歷史時可以發現到，不管在任何時代，毫無疑問，海盜的出現一定伴隨著國際局勢發生變化、宗教對立和政治不穩定而來。

山田吉彥

參考文獻

《海賊の掟》山田吉彦著（新潮新書）

《海のテロリズム 工作船・海賊・密航船レポート》山田吉彦著（PHP新書）

《海賊の歴史カリブ海、地中海から、アジアの海まで》

フィリップ・ジャカン著／増田義郎監修／後藤淳一、及川美枝訳（創元社）

《「知」のビジュアル百科26海賊事典》リチャード・プラット著／朝比奈一郎訳（あすなろ書房）

《海賊の世界史古代ギリシアから大航海時代、現代ソマリアまで》桃井治郎著（中央新書）

《〈海賊〉の大英帝国掠奪と交易の四百年史》薩摩真介著（講談社）

《海賊の文化史》海野弘著（朝日新聞出版）

《海賊の経済学 見えざるフックの秘密》ピーター・T・リーソン著／山形浩生訳（NTT出版）

《海賊王列伝》海賊研究団著（竹書房）

《世界の海賊大図鑑① 地中海の海賊とヴァイキング》森村宗冬著（ミネルヴァ書房）

《世界の海賊大図鑑② 大航海時代の海賊たち》森村宗冬著（ミネルヴァ書房）

《世界の海賊大図鑑③ 日本とアジアの海賊たち》森村宗冬著（ミネルヴァ書房）

《伝説の海賊＆大事件事典》ながたみかこ著（大泉書店）

《水軍の活躍がわかる本》鷹橋忍著（河出書房新社）

《SAKURAMOOK55 戦国海賊伝》（笠版社）

＊除了上述書籍外，本書的內容還參考了許多與海盜有關的資料。

監　　　修	山田吉彥	
翻　　　譯	林巍翰	

責 任 編 輯	蔡穎如	
封 面 設 計	走路花工作室	
內 頁 編 排	林詩婷	

行 銷 企 劃	辛政遠	
	楊惠潔	
總 編 輯	姚蜀芸	
副 社 長	黃錫鉉	
總 經 理	吳濱伶	
首 席 執 行 長	何飛鵬	

出　　　版	創意市集
發　　　行	英屬蓋曼群島商家庭傳媒股份有限公司城邦分公司
	Distributed by Home Media Group Limited Cite Branch
地　　　址	104 臺北市民生東路二段141號7樓
	7F No. 141 Sec. 2 Minsheng E. Rd. Taipei 104 Taiwan

讀者服務專線	0800-020-299 周一至周五09:30～12:00、13:30～18:00
讀者服務傳真	(02)2517-0999、(02)2517-9666
E ─ m a i l	service@readingclub.com.tw
城 邦 書 店	城邦讀書花園 www.cite.com.tw
地　　　址	104臺北市民生東路二段141號7樓
電　　　話	(02) 2500-1919　營業時間：09:00～18:30

I S B N	978-626-7149-06-5
版　　　次	2022年8月初版1刷
定　　　價	新台幣380元 / 港幣127元

製 版 印 刷	凱林彩印股份有限公司

SHINSEKAI KAIZOKU NO SAHOU supervised by Yoshihiko Yamada
Copyright © 2021 G.B. Co., Ltd.
All rights reserved.
Original Japanese edition published by G.B. Co., Ltd.

This Complex Chinese edition is published by arrangement with G.B. Co., Ltd., Tokyo
c/o Tuttle-Mori Agency, Inc., Tokyo, through Future View Technology Ltd., Taipei.

◎書籍外觀若有破損、缺頁、裝訂錯誤等不完整現象，想要換書、退書或有大量購書需求
等，請洽讀者服務專線。

Printed in Taiwan　著作版權所有·翻印必究

國家圖書館預行編目(CIP)資料

海盜解剖超圖鑑：是冒險英雄，還是劫掠盜賊？骷髏
旗下的生存法則大探索 / 山田吉彥 監修；林巍翰 譯.
-- 初版. -- 臺北市：創意市集出版：英屬蓋曼群島
商家庭傳媒股份有限公司城邦分公司發行，2022.08
　面；　公分
ISBN 978-626-7149-06-5（平裝）

1. 海盜　2. 文化史　3. 世界史　4. 通俗作品

557.492　　　　　　　　　　111007611

香港發行所　城邦（香港）出版集團有限公司
香港灣仔駱克道 193 號東超商業中心 1 樓
電話：(852) 2508-6231
傳真：(852) 2578-9337
信箱：hkcite@biznetvigator.com

馬新發行所　城邦（馬新）出版集團
41, Jalan Radin Anum,Bandar Baru Seri Petaling,
57000 Kuala Lumpur,Malaysia.
電話：(603)9057-8822
傳真：(603) 9057-6622
信箱：cite@cite.com.my

海盜解剖
超圖鑑

是冒險英雄，
還是劫掠盜賊？
骷髏旗下的
生存法則大探索